CONSCIÊNCIA MORFOLÓGICA
E ORTOGRAFIA
NA SALA DE AULA E NA PRÁTICA CLÍNICA

Editora Appris Ltda.
1.ª Edição - Copyright© 2024 dos autores
Direitos de Edição Reservados à Editora Appris Ltda.

Catalogação na Fonte
Elaborado por: Dayanne Leal Souza
Bibliotecária CRB 9/2162

M917c
2024
	Mota, Márcia Maria Peruzzi Elia da
	  Consciência morfológica e ortografia: na sala de aula e na prática clínica /
	Márcia Maria Peruzzi Elia da Mota, Rafael Rossi de Sousa. – 1. ed. –
	Curitiba: Appris, 2024.
	  105 p. : il. ; 21 cm. – (Coleção Psicopedagogia, Educação Especial e Inclusão).
	
	  Inclui referências.
	  ISBN 978-65-250-7027-8
	
	  1. Consciência morfológica. 2. Ortografia. 3. Intervenção. 4. Ensino e aprendizagem. 5. Consciência metalinguística. I. Mota, Márcia Maria Peruzzi Elia da. II. Sousa, Rafael Rossi de. III. Título. IV. Série.
	<div align="right">CDD – 465</div>

Livro de acordo com a normalização técnica da APA

Appris
editora

Editora e Livraria Appris Ltda.
Av. Manoel Ribas, 2265 – Mercês
Curitiba/PR – CEP: 80810-002
Tel. (41) 3156 - 4731
www.editoraappris.com.br

Printed in Brazil
Impresso no Brasil

Márcia Maria Peruzzi Elia da Mota
Rafael Rossi de Sousa

CONSCIÊNCIA MORFOLÓGICA E ORTOGRAFIA

NA SALA DE AULA E NA PRÁTICA CLÍNICA

Appris
editora

Curitiba, PR

2024

FICHA TÉCNICA

APRESENTAÇÃO

Conhecer sobre os morfemas é um dos facilitadores da aprendizagem da ortografia e é nessa premissa que este livro se fundamenta. Por meio de uma abordagem baseada em evidências empíricas, apresentamos um Programa de Intervenção, cuidadosamente elaborado, para desenvolver a habilidade de refletir sobre a morfologia e como ela pode ajudar na ortografia.

O Programa de Intervenção criado com a experiência de professor de Rafael Rossi de Sousa não apenas explora teorias e conceitos fundamentais, mas também fornece atividades práticas prontas para serem aplicadas em sala de aula ou adaptadas para contextos clínicos. Cada atividade é cuidadosamente estruturada para promover o desenvolvimento de uma dificuldade ortográfica dos alunos, levando-os a compreender como a estrutura interna das palavras, sua origem e formação determinam sua grafia correta.

Mais do que um simples manual, este livro pretendeu oferecer oportunidade de, ao longo das páginas, os leitores encontrarem não só informações valiosas, prontas para serem usadas, mas também a possibilidade de terem insights inspiradores que os capacitarão a transformar sua prática. Gostaríamos que este livro seja um recurso útil para professores, educadores e profissionais da área clínica que buscam enriquecer sua prática e promover o desenvolvimento pleno das habilidades ortográficas de seus alunos, combinando evidências empíricas com aplicação prática.

Márcia Maria P. E. da Mota
Rafael Rossi de Sousa

PREFÁCIO

Na produção do texto, é preciso coordenar o fluxo das ideias com o ato da escrita, seja este no papel ou em dispositivos digitais. A precisão e a velocidade com as quais a escrita é realizada permitem a quem escreve manter a continuidade do tema e o desenvolvimento das ideias na elaboração do texto. Dificuldades no domínio da ortografia comprometem a fluência da escrita, trazendo prejuízo tanto no que diz respeito à quantidade quanto à qualidade da produção escrita. A demora em grafar as palavras no papel durante a atividade de escrita pode levar ao esquecimento das ideias subsequentes, comprometendo, assim, a elaboração das frases e a organização no texto.

A facilidade com que a atividade de escrita é realizada depende, assim, da internalização e consequente automatização das convenções do sistema de escrita. O fato de muitos recursos cognitivos estarem voltados a como grafar as palavras prejudica a realização de operações cognitivas mais complexas exigidas pelo processo de compor o texto. Em suma, o domínio da escrita ortográfica é fundamental para a elaboração do texto escrito, pois garante que o escritor não se depare com interrupções frequentes ao fluxo de organização e desenvolvimento das ideias.

A escrita ortográfica requer o entendimento de regularidades relacionadas a diferentes níveis de análise linguística. Apesar da relativa transparência do português brasileiro, não é possível prever a grafia de determinadas palavras apenas pelo conhecimento das correspondências entre letras e sons. Em alguns casos, faz-se necessário relativizar o princípio de regularidade da correspondência letra-som, considerando posição na qual a representação de um fonema é determinada pelos fonemas ou letras próximos, como é o caso, por exemplo, da letra r em caro, carro e raro. Tais regularidades são denominadas regularidades de contexto.

Para escrever segundo as normas ortográficas, é preciso desenvolver habilidades que vão além do nível fonológico. É preciso considerar o papel da morfologia na ortografia do português brasileiro. Há casos em que as grafias das palavras seguem regularidades relacionadas à classe a qual as palavras pertencem e à grafia de morfemas que as constituem, como é o caso de gentil *vs* dormiu ou, ainda, de beleza *vs* portuguesa.

Apesar de o aprendiz poder, em função de sua experiência, aprender certos padrões ortográficos sem serem formalmente ensinados, práticas pedagógicas para o domínio da ortografia baseadas somente no aprendizado realizado de forma incidental e informal têm mostrado alcance limitado para crianças de desenvolvimento típico (Treiman, 2018). Tais práticas revelam-se também pouco produtivas para crianças com dificuldades de aprendizagem (Graham, 2000).

Ensinar ortografia não significa advogar a volta ao método tradicional de listas de palavras para serem memorizadas. Significa, sim, levar o aprendiz ao entendimento do sistema de escrita alfabético e das regularidades ortográficas. Nesse sentido, o ensino sistemático da ortografia deve ser organizado tendo por princípio oferecer oportunidades para observar, comparar, analisar, discutir e explicitar os conhecimentos acerca da ortografia (Correa, 2023). Deve ser também uma oportunidade para o desenvolvimento de habilidades e estratégias metacognitivas que contribuam para o progresso da escrita (Cordewener, Hasselman, Verhoeven & Bosman, 2018).

O Programa de Intervenção descrito no manual *Consciência Morfológica e Ortografia: na sala de aula e na prática clínica* foi elaborado para desenvolver a habilidade de refletir sobre a morfologia e de como, a partir dessa reflexão, ser possível aprender a grafia de palavras para as quais conhecer a relação entre letra-som não seria suficiente.

O primeiro capítulo do manual estabelece os fundamentos sobre os quais o Programa se alicerça: a relação entre consciência morfológica e escrita ortográfica. São apresentadas as evidências empíricas que descrevem tal relação (estudos de correlação), como aquelas que examinam a eficácia do desenvolvimento da consciência morfológica para a promoção da escrita ortográfica (estudos de intervenção).

No segundo capítulo, temos a descrição do programa propriamente dito. Como forma de mensurarmos a eficácia de todo o processo, a intervenção foi delineada para iniciar com uma sondagem do desempenho ortográfico do aprendiz, seguida das 12 sessões de intervenção e tendo, como conclusão, a avaliação final de desempenho. De forma similar, a estrutura das sessões de intervenção compreende atividade inicial, desenvolvimento e avaliação, permitindo assim o acompanhamento longitudinal do progresso do aprendiz. Para cada sessão, há a descrição de forma detalhada do objetivo e dos procedimentos para a realização das atividades e da avaliação. Foi criado um roteiro que pode ser facilmente adaptado para vários contextos, sejam eles educacionais ou clínicos, sejam eles realizados de forma coletiva ou individual. As atividades são variadas, impedindo que o aprendiz se deixe levar pela simples repetição. São propostas variadas que levam o aprendiz a pensar e aplicar seu conhecimento.

Assim, o manual *Consciência Morfológica e Ortografia: na sala de aula e na prática clínica* promove, de forma explícita, sistemática e significativa, a tomada de consciência do papel da morfologia na grafia das palavras. Permite ao aprendiz se debruçar sobre a palavra como objeto de estudo e a pensar sobre os elementos mórficos que a constituem. Tudo isso realizado de forma lúdica e como desafio à sua curiosidade, trazendo o sentido ao aprendizado da ortografia. Afinal, escrever é produzir significado(s).

Jane Correa
Universidade Federal do Rio de Janeiro

Referências

Cordewener, K. A., Hasselman, F., Verhoeven, L., & Bosman, A. M. (2018). The role of instruction for spelling performance and spelling consciousness. *The Journal of Experimental Education, 86*(2), 135-153.

Correa, J. (2023). Learning to Spell in Brazilian Portuguese: Children?s Patterns of Spelling Errors and Unconventional Word Segmentation. In A. G. Spinillo & C. Sotomayor (Org.), *Development of Writing Skills in Children in Diverse Cultural Contexts* (pp. 21-42). Switzerland: Springer.

Graham, S. (2000). Should the natural learning approach replace spelling instruction? *Journal of Educational Psychology, 92*, 235-247. https://doi.org/10.1037//0022-0663.92.2.235

Treiman, R. (2018). Teaching and learning spelling. *Child Development Perspectives, 12*(4), 235-239.

SUMÁRIO

CAPÍTULO 1

CONSCIÊNCIA MORFOLÓGICA E SISTEMAS DE ESCRITA

Consciência morfológica é a habilidade de refletir intencionalmente e manipular os morfemas das línguas (Carlisle, 1995). Morfemas são as menores unidades de significado de uma língua e são fundamentais para entendermos o significado de palavras complexas. Veja as palavras: "feliz", "felicidade", "felicíssimo". Conhecendo a palavra primitiva "feliz" e que as palavras complexas "felicidade" e "felicíssimo" são relacionadas a elas, fica bem mais fácil de entendermos o significado delas.

Os pesquisadores Marec-Breton e Gombert (2004) apontaram que línguas alfabéticas como o português devem ser compreendidas como tendo dois sistemas: um fonográfico e o outro chamado semiográfico. O sistema **fonográfico** é aquele que descreve como as letras (grafemas) se conectam com os fonemas (sons). Também chamado de princípio alfabético. O segundo sistema, o **semiográfico**, diz respeito a como as unidades de significado (morfemas) se relacionam com os padrões de letras. Embora muita atenção tenha sido dada ao sistema fonográfico e como as crianças aprendem a conectar os sons às letras (decodificação fonológica), há muito tempo pesquisadores vêm chamando a atenção para a importância do sistema semiográfico para aquisição da língua escrita. Anglin (1993), por exemplo, apontou a importância dos morfemas para aquisição da língua escrita. A partir do trabalho de Anglin, outros pesquisadores apontaram que, para além da decodificação fonológica, as crianças poderiam usar a decodificação morfológica para ler e escrever (James et al., 2020; Levesque et al., 2021).

Há uma boa razão para as crianças se basearem nos morfemas para escrever as palavras, em vez de simplesmente aplicar as regras de correspondência letra e som da língua. Os morfemas têm estabilidade ortográfica. Isto é, a grafia das palavras se mantém constante em diferentes contextos. No português, temos mais de uma maneira de grafar vários sons. Por exemplo, a palavra "gelo" poderia ser escrita com "j" ("jelo"), mas é escrita com "g", decorre que as palavras derivadas de "gelo" mantêm a grafia "g" (e.g., "geladeira", "geleira", "gelado"), porque têm a mesma origem, partilham o mesmo morfema.

Mas será que prestar atenção nos morfemas ajuda as crianças a errarem menos a ortografia das palavras? Estudos em diversas ortografias têm demonstrado que sim, por exemplo: os estudos de Breadmore e Carroll (2016) no inglês, de Guimarães e Mota (2018), Mota (2012) e Mota et al. (2008) no português e de Pittas et al. (2018) no Grego. Esses estudos usam métodos diversos para mostrar sua eficácia, assim iremos apresentar os resultados desses estudos agrupados pelos métodos que utilizaram. Essa forma de apresentar é importante, porque cada método usado tem seus pontos fortes e suas fraquezas. O conjunto dos dados, no entanto, oferece-nos segurança de que o construto consciência morfológica é importante para a aquisição da ortografia.

1.1 Consciência morfológica e ortografia

Iniciaremos esta seção apresentando os estudos correlacionais e a seguir apresentaremos os estudos de intervenção.

1.1.1 Estudos correlacionais

Os estudos correlacionais, em geral, usam uma análise estatística chamada de regressão para verificar se há uma relação entre a consciência morfológica e a ortografia. Essa técnica estatística estuda a associação entre uma variável dependente, no nosso caso, a ortografia, e variáveis independentes, a consciência morfológica, controlando seus efeitos. Por exemplo, eu sei que uma criança que tem bom desempenho em linguagem terá um desempenho melhor em habilidades metalinguísticas. A regressão me ajuda a saber o que é específico da habilidade metalinguística e o que é parte da linguagem. Por exemplo, na Figura 1, nós apresentamos um modelo hipotético, para fins didáticos, para explicar como uma regressão funciona. Nesse exemplo, meramente didático, a pizza representa todas as habilidades necessárias para sermos proficientes em ortografia. Cada fatia é uma habilidade importante para se escrever corretamente. A regressão calcula a importância de cada fatia e se ela é grande o suficiente para ter significância estatística. Essas "fatias" são chamadas de variância. Veremos uma área azul escura que é a contribuição da linguagem, uma área de interseção entre a linguagem e as habilidade de consciência morfológica e fonológica e, em cor roxa, é a área de variância comum. O nosso interesse é saber a porcentagem da variância que é só da consciência morfológica, fora da interseção, a parte verde é grande o suficiente para ser significativa.

Figura 1

Variância de habilidades envolvidas na aquisição da ortografia

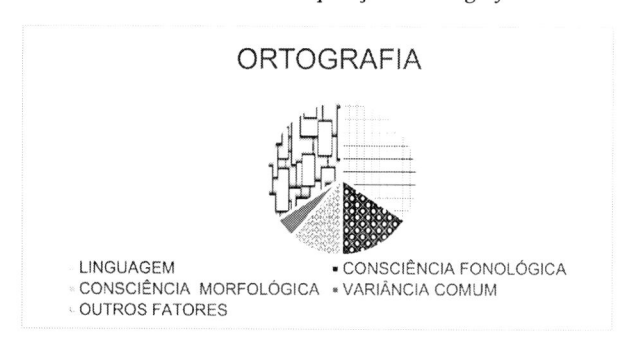

Nota. Distribuição esquemática, meramente didática, das variâncias das habilidades que contribuem para ortografia. Elaborado pelos autores.

Então, se eu controlar o efeito da linguagem e consciência fonológica, a consciência morfológica ainda contribui para a ortografia?

Essa pergunta é importante, porque, se a contribuição única de uma habilidade não for significativa, não há muitas razões para focarmos no desenvolvimento dessa habilidade, esperando melhorar o desempenho na escrita das crianças. Lembramos que as regressões são estatísticas diferentes das descritivas e que essa forma de apresentar com um gráfico de pizza é somente para nos ajudarmos a compreender a análise.

Os estudos que procuraram responder a essa pergunta têm demonstrado que sim, a consciência morfológica contribui para escrita mesmo controlando outras variáveis. Um estudo que investigou esta questão foi o de Mota et al. (2008). As autoras pediram a crianças de 1º e 2º ano do ensino fundamental que respondessem uma tarefa do seguinte tipo: "Eu vou falar um par de palavras relacionadas para você e depois eu vou falar outra palavra. Eu gostaria que você fizesse um par como o modelo. Se eu disser: leite-leiteiro, você deve dizer: pão - padeiro. Se eu disser: bola - bolinha, você diz sapato - ?". As crianças que melhor se saíram nessa tarefa foram as crianças que tiveram melhores escores num ditado de palavras, mesmo controlando a consciência fonológica (habilidade de refletir sobre os sons da fala) e a idade das crianças.

Resultados semelhantes ao do estudo anterior foram achados por Guimarães e Mota (2018) com crianças do 2º ao 4º ano do ensino fundamental. As autoras pediram às crianças que respondessem a um ditado com palavras regulares, aquelas que se escreve como fala, palavras irregulares, como "jiló", que podem ter formas diferentes de escrever, palavras com regras contextuais, como "bomba" (antes de "p" e "b" sempre colocamos "m") e palavras com regras morfológicas (e.g., "cobriu" e "anil"). Os resultados mostraram uma contribuição significativa para o desempenho no ditado de palavras com regras contextuais, morfológicas e irregulares da consciência morfológica, independentemente da consciência fonológica.

Esses dois resultados de estudo sugerem que o conhecimento explícito das unidades mínimas de significado da palavra, os morfemas, podem ser uma habilidade-chave para o desenvolvimento da ortografia no português do Brasil.

Esses estudos não esgotam os trabalhos que foram feitos internacionalmente e no português sobre esse tema. Os grupos de pesquisa de Jane Correa (UFRJ), Fraulein Vidigal de Paula (USP), Alina Spinillo (UFPE), Silvia Brilhante Guimarães (PUC-Rio), Cláudia Justi e Francis Justi (UFJF) têm produzido pesquisas importantes nessa área, para os interessados em se aprofundar nesse tema esses autores são boas referências para se buscar textos na literatura. Nas referências deste livro, apresentamos indicações de produções desses pesquisadores.

1.1.2 Estudos de intervenção

Diversos estudos investigaram a eficácia da consciência morfológica para aquisição da leitura e escrita por meio de intervenções (para uma revisão ver a meta-análise de Bowers et al., 2010 e Goodwin & Ahn, 2013). Nesta seção, no entanto, focaremos em apresentar algumas dessas intervenções, porque não haveria espaço para revermos todas. Escolhemos algumas que podem permitir que façamos considerações metodológicas sobre o delineamento utilizado ou a forma como a intervenção foi feita. Começamos com uma categorização que Carlisle (2010) propôs sobre os tipos de intervenção existentes. Segundo a autora, os estudos de intervenção podem seguir quatro tipos:

1. Ensino de estratégias de análise sobre o significado e formação de palavras derivadas (familiares ou não familiares), ou seja, o professor explica como analisar uma palavra e depois os guia por meio de um processo de análise, mas não os deixa sozinhos, está sempre mediando a intervenção.

2. Ensino explícito do significado de afixos e raízes (por exemplo, ensinar explicitamente que "-esa" é usada para títulos femininos como "baronesa" ou "-eiro" é geralmente usado para profissionais como "leiteiro" e "cozinheiro").

3. Apoio à resolução de problemas morfológicos para que os alunos possam inferir o significado ou classe gramatical de uma palavra não familiar em uma variedade de contextos (por exemplo, quando trabalham a criação de novas palavras a partir de raízes conhecidas).

4. Promoção da consciência morfológica da estrutura das palavras, ou seja, dividindo palavras em morfemas (por exemplo, "O gato filhote é menor do que o seu pai"; "Ele é um gat**inho**").

Você verá que nossa intervenção, que será apresentada na segunda parte deste livro, utilizou os quatro tipos de intervenção, oferecendo, assim, uma variedade de atividades que poderiam mais eficazmente desenvolver a consciência dos morfemas e promover a relação entre o desenvolvimento da consciência morfológica e sua relação com a escrita.

É muito comum que pesquisadores da área de humanas no Brasil se interessem por estudos de intervenção, mas é comum também que os delineamentos trazidos nos projetos de pesquisa apresentados para os mestrados e doutorados não apresentem com clareza a proposta metodológica que será empregada, sobretudo no que tange aos grupos controle. Assim, nesta seção, utilizaremos como recorte metodológico uma discussão sobre os grupos controle nas intervenções nesta área.

1.1.3 Estudos de intervenção sem grupo controle

Quando fazemos uma intervenção é importante termos um grupo em que não se faz nenhum tipo de atividade de intervenção focada na habilidade que estamos desenvolvendo, para termos certeza de que há um efeito do trabalho que foi desenvolvido. Por exemplo, é esperado que ao longo do ano escolar as crianças melhorem na escrita, porque elas estão aprendendo coisas novas sobre os usos da escrita. O que nós queremos saber é se o que foi oferecido como intervenção por nós vai ajudar mais na escrita do que o ensino regular. Por isso, utilizamos grupos controles e grupos experimentais (grupo da intervenção), no delineamento das intervenções. No entanto, às vezes alguns estudos não utilizam grupos controle. Esses são estudos que não podem ter seus resultados generalizados, mas podem ser tratados como estudos de viabilidade. Por exemplo, mostrando se um tipo de intervenção é bem recebida pelas crianças e tem uma boa chance de funcionar.

Figura 2

Resultado de pesquisa com grupo controle e experimental

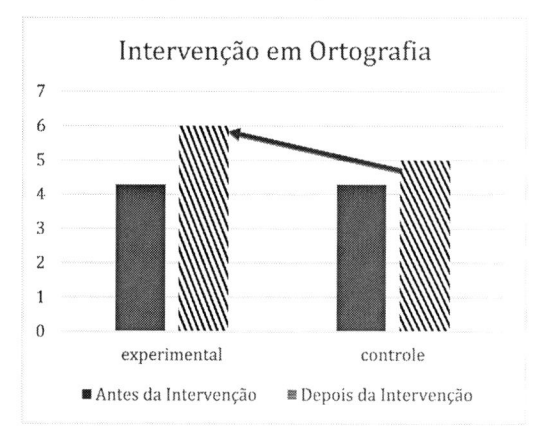

Nota. Representação hipotética de um resultado de pesquisa com grupo controle e experimental. Elaborado pelos autores.

Observe na Figura 2 a barra listrada em comparação com a barra sólida. Tanto o grupo controle quanto o grupo experimental melhoraram na escrita, depois da intervenção. Nós precisamos saber se a diferença na melhora (que foi maior para o grupo experimental como indicado pela seta) foi grande o suficiente para ser estatisticamente significativa, para isso utilizamos testes estatísticos. Esses testes, que avaliam o tamanho do efeito da intervenção é que vão nos dizer, se essa intervenção de fato funcionou o se a melhora foi apenas uma melhora no desenvolvimento natural da habilidade que vai ocorrer com a maturação ou com a instrução escolar.

No entanto, como vimos algumas vezes estudos de viabilidade podem ser informativos. Um estudo de viabilidade foi realizado por Apel et al. (2013) que investigou o efeito de uma intervenção em consciência morfológica sobre as habilidades de literacia de crianças provenientes de lares de baixo nível socioeconômico nos Estados Unidos. As crianças estavam no jardim de infância e nos 1º e 2º anos do ensino fundamental. A intervenção durou 9 semanas e foi planejada para melhorar a consciência morfológica sobre afixos e sobre as relações entre palavras (entre as palavras primitivas, suas formas flexionadas e derivadas). Grupos de 4-5 alunos receberam a instrução planejada quatro vezes por semana, durante 25 minutos por sessão. Os resultados mostraram ganhos clinicamente significativos de médio a muito grande na consciência morfológica e nas habilidades de literacia entre todos os participantes, sugerindo que a instrução em consciência morfológica, que requer que os alunos analisem, reconheçam, produzam oralmente e determinem os padrões de ortografia de palavras morfologicamente complexas, leva a efeitos positivos na literacia de uma população de crianças que, em geral, está em risco de dificuldades futuras de leitura.

Esse estudo mostra a importância de se testar por meio de delineamentos experimentais as intervenções em consciência morfológica e em escala maior. A seguir, apresentaremos alguns estudos que utilizaram o delineamento experimental.

1.1.4 Estudos com grupo controle

Há muita discussão sobre os tipos de grupo controle que devemos utilizar nos estudos de intervenção. Não está no escopo deste estudo uma discussão detalhada sobre essa questão. Porém, os grupos controles podem ser do tipo *"business as usual"* ou ser do tipo em que algum tipo de intervenção alternativa é dada às crianças no estudo. O grupo de controle *"business as usual"* é aquele em que são realizadas atividades típicas de sala de aula. Esse é o mais utilizado, porque demanda menos tempo do pesquisador.

Ele tem como desvantagem o fato de não sabermos se a atenção extra dispensada às crianças durante a intervenção é a causa da melhoria na intervenção. Há evidências em outras áreas do estudo da literacia de que grupos de controle que oferecem uma atividade alternativa tendem a reduzir o efeito da intervenção (Noble et al., 2019). Sua vantagem, no entanto, é a economia de tempo e a praticidade. Infelizmente, no Brasil, é extremamente difícil que as escolas permitam a entrada de pesquisadores. Estado de coisas que gostaríamos de ver mudar! Então, descreveremos apenas estudos com grupos de controle com atividades típicas.

Apresentaremos neste livro três estudos que usaram como grupo de controle o tipo *"business as usual"*. O primeiro é um estudo internacional realizado por Casalis et al. (2018). Os autores realizaram um estudo de intervenção baseado na morfologia para melhorar a ortografia de alunos franceses do terceiro ano do ensino fundamental. As crianças foram divididas em dois grupos: controle e experimental. O grupo controle era, como já explicado, do tipo *"business as usual"*. O treinamento morfológico foi mais eficaz do que as atividades típicas de ortografia em sala de aula. O impacto do treinamento teve uma influência direta na precisão ou na correção ortográfica de palavras derivadas. Importante registrar que os autores demonstraram também que o benefício da intervenção persistiu ao longo do tempo e ainda era visível cinco meses após o término do treinamento.

No Brasil, em um estudo ainda não publicado, Guimarães (2013) realizou um estudo de treinamento com crianças do 2º ano do ensino fundamental. O treinamento focou no conhecimento de regras ortográficas com base na morfologia, como no caso do "-ão" escrito no futuro dos verbos e o "-am" escrito no passado. As crianças no grupo experimental foram melhores do que o grupo de controle na ortografia de palavras morfologicamente complexas. Porém não foram encontradas diferenças na ortografia em geral. Possivelmente, porque no português palavras que não são ambíguas podem ser escritas por correspondência entre letra e som.

Esse resultado aponta para o fato de que, numa língua alfabética com bastante transparência ortográfica, as crianças usam diferentes estratégias para escrever. Quando a escrita da palavra é transparente, ou seja, obedece às regras de correspondência entre letra e som, a criança não parece recorrer a conhecimentos morfológicos para escrever, mas, quando há ambiguidade na escrita, as regras morfológicas ajudam as crianças a decidirem sobre a grafia das palavras.

O último estudo que descreveremos aqui é o de Sousa (2023). Esse estudo corrobora os resultados anteriores de Guimarães (2013). Participaram crianças do 4º ano do ensino fundamental de uma escola pública brasileira. As crianças do grupo experimental participaram de 12 sessões de intervenção que estão detalhadas na 2ª parte deste livro. O grupo controle seguiu com as atividades típicas da escola. Ao final da intervenção, um ditado com palavras morfologicamente complexas com ortografias ambíguas, que foi aplicado antes da intervenção, foi reaplicado. Verificou-se que intervenção teve um efeito em melhorar a escrita das crianças. As crianças que passaram pela intervenção estavam escrevendo melhor palavras morfologicamente complexas, do que as simples. Porém, não houve diferença na escrita de palavras comuns. Verificamos então se no ditado realizado (era um teste padronizado para crianças do ensino fundamental) havia palavras que necessitavam da utilização de estratégias morfológicas. Não havia palavras assim. Vamos lembrar que Morais (1998) sugeriu que o tipo de dificuldade ortográfica vai determinar o tipo de estratégia utilizado para escrever. O ditado padronizado pode ter subestimado o efeito da intervenção, porque as crianças não precisavam usar uma estratégia morfológica.

Mas a estratégia morfológica é importante. É importante destacar que, à medida que as crianças avançam na escolaridade, elas se deparam com um maior número de palavras morfologicamente complexas. Ter recursos para lidar com essas palavras novas, ainda não conhecidas, pode ajudar as crianças a escreverem de forma ortograficamente correta e melhorar seu desempenho escolar. Pode ajudar as crianças a escreverem com mais sofisticação em suas redações, uma vez que podem se sentir mais seguras para usar palavras complexas.

As intervenções em consciência morfológica têm consistentemente mostrado um efeito na escrita de palavras morfologicamente complexas. Assim, como nos estudos correlacionais, os grupos de pesquisa das professoras Sandra Regina Kirchner Guimarães (UFPR) e o da professora Dalva Maria Alves Godoy (UESC) realizaram estudos de intervenção com resultados similares aos mesmos e podem ser fontes de pesquisa. Neste livro, apresentaremos detalhadamente atividades que podem ser usadas em sala de aula, mas que ao mesmo tempo podem servir de inspiração para que se trabalhe outras dificuldades ortográficas ou que se crie novas atividades. As atividades que iremos apresentar foram desenvolvidas em sala de aula, sem a necessidade de tecnologia avançada. Podem ser facilmente criadas. Embora tenham sido desenvolvidas para sala de aula, muitas são utilizadas no contexto clínico do meu estágio supervisionado com crianças que apresentam dificuldades ortográficas. Esperamos que sejam úteis para o seu trabalho!

CAPÍTULO 2

ATIVIDADES PARA O DESENVOLVIMENTO DA CONSCIÊNCIA MORFOLÓGICA

2.1 Apresentação do capítulo

Neste capítulo, apresentaremos a intervenção proposta. Propomos uma intervenção de 12 sessões de estimulação de pares ortográficos ambíguos de base morfológica e com estabilidade morfêmica, para o português do Brasil. A partir do pressuposto que metalinguagem é a reflexão dirigida sobre aspectos linguísticos (Gombert, 1992), você deve observar os componentes que direcionam a esta reflexão: a consciência morfológica, pois, quando direcionada, facilita-se o desenvolvimento do componente metalinguístico em questão. Neste caso: a consciência morfológica. Esta intervenção foi aplicada e validada num estudo empírico que demonstrou resultados significativos de sua implementação por Sousa (2023), que foi descrito na parte I deste livro. A 12ª sessão encontra-se publicada de forma independente (ver Sousa & Mota, 2023). Portanto, será apenas apresentada a bibliografia. O material pode ser adquirido na editora.

Para facilitar a organização, criamos um roteiro que pode ser adaptado para sala de aula, consultório ou outro contexto educacional. As atividades propostas, bem como a avaliação ortográfica, encontram-se ao final das descrições de cada sessão. Use sua criatividade para a aplicação e lembre-se que a estimulação depende do direcionamento explícito à reflexão dos morfemas, o que é crucial para a efetividade da intervenção.

Nossa intenção não é que a criança "decore" o significado de conceitos como morfema, sufixo, prefixo, afixo ou nenhum termo que você aqui encontrará, mas, sim, que por meio de atividades que estimulem a observação direcionada de palavras a auxiliem construir um hábito constante e reflexivo de analisar, isoladamente e em contextos frasais e textuais, as palavras que grafa ou lê, fazendo-a superar dificuldades, sejam de escrita, sejam de inferir significados no ato de ler.

Então, vamos começar a entender a organização deste material, perpassando pelos objetivos (Quadro 1) e elementos gráficos presentes ao decorrer das sessões que o/a auxiliarão com o desenvolvimento e aplicação das atividades.

Quadro 1

Sessões do programa de intervenção em consciência morfológica

Programa de Intervenção em Processamento Morfológico		
Sessão	Tema	Objetivo (s)
1ª	Apresentação e introdução ao programa de intervenção	Refletir sobre o processo de formação de palavras e introduzir itens da pesquisa, oferecendo uma noção inicial sobre flexão e derivação.
2ª	Morfemas derivacionais -esa/ -eza	Refletir sobre os morfemas homófonos '-esa' e '-eza', com enfoque no '-esa' enquanto indicador de nacionalidade e origem.
3ª	Morfema derivacional -eza	Refletir sobre o uso do sufixo '-eza'.
4ª	Morfemas derivacionais -esa/ -esa	Generalizar as normas de escrita dos sufixos -esa e -eza e empregá-los adequadamente conforme os contextos de escrita apresentados anteriormente.
5ª	Morfemas flexionais -am/ -ão	Introduzir e refletir sobre os morfemas homófonos '-am' e '-ão'

Programa de Intervenção em Processamento Morfológico		
Sessão	Tema	Objetivo (s)
6ª	Morfemas flexionais -am/ -ão	Refletir e empregar corretamente os morfemas homófonos -am e -ão
7ª	Morfemas flexionais e derivacionais IL/ IU	Refletir e empregar corretamente a escrita dos morfemas -il/ -iu.
8ª	Estabilidade Morfêmica	Observar que morfemas mantêm a estabilidade ortográfica.
9ª	Estabilidade Morfêmica	Observar que morfemas mantêm a estabilidade ortográfica.
10ª	Revisão dos morfemas estudados	Revisar os morfemas apreendidos ao decorrer das sessões (-esa/ -eza; -am/-ão).
11ª	Revisão dos morfemas estudados	Revisar os morfemas apreendidos ao decorrer das sessões (-il/-iu; estabilidade morfêmica).
12ª	Revisão dos morfemas estudados	Revisar os morfemas apreendidos ao decorrer das sessões com suporte de jogo (Book Toy Editora)

Nota. Elaborado pelos autores.

Conforme o Quadro 1, é possível observar que cada sessão, por mais que apresente o mesmo tema, apresenta objetivos específicos para cada atividade. É importante ter em mente o objetivo, onde se quer chegar, para um desenvolver eficiente da sua prática. Após, consulte a sessão específica para explorar a rotina proposta, desde a atividade inicial, materiais necessários, desenvolvimento e avaliação final.

Como citado inicialmente, as sessões da intervenção contemplam o trabalho com alguns sufixos de escrita ambígua por concorrência, sendo os sufixos gramaticais derivacionais -eza/-esa (três sessões), -il/ -iu (uma sessão), sufixos gramaticais flexionais -am/-ão (duas sessões) e estabilidade morfêmica (duas sessões). Conta também com uma sessão introdutória abordando processos derivacionais e duas sessões de revisão, em que contemplam os morfemas-alvo isoladamente.

Durante as sessões, são apresentados alguns ícones que fizeram parte da implementação original e podem auxiliá-lo no manejo e aplicação das atividades (Quadro 2). Eles vão se repetir ao longo de cada sessão para facilitar a visualização e você poderá recorrer a eles sempre quando necessário para entender seu significado de maneira prática.

Quadro 2

Ícones dispostos para a implementação da intervenção

Fala do mediador	Interação/ levantamentos	Procedimentos e organização

Nota. Elaborado pelos autores.

No ícone "Fala do mediador", são propostas falas que auxiliam na ativação/direcionamento de componentes metalinguísticos e de generalidades, como perguntas sobre como se faz, regras de jogos... explorando aspectos da memória e de evidência às atividades propostas à criança.

Já no ícone "Interação/levantamentos" se estabelece relações direcionadas de trocas com a criança, onde ela é estimulada de forma direcionada a participar com alguma contribuição. Na existência desse ícone, lembre-se de criar condições favoráveis para que a criança se sinta à vontade, instigada a participar das propostas.

Por fim, o ícone de "Procedimentos e organização" remete a situações que requerem uma disposição diferenciada no ambiente, a manipulação de algum objeto diverso, o preparo antecipado de algum material... Ela serve para auxiliar na organização material/estrutural do espaço em que você aplicará a intervenção.

Todas as sessões constam de atividade inicial, desenvolvimento e avaliação. Esses momentos estão assim discriminados para melhor organização tempo/espaço e facilitar a apropriação dos direcionamentos indicados. Ao final das sessões, inserimos os Recursos Suplementares de cada uma, onde você poderá reproduzi-los para administrar as intervenções indicadas.

Recomendamos que você leia com antecedência a aplicação como cada sessão está disposta, para que você providencie os materiais indicados ou adapte-os e aproprie-se das situações apresentadas. O tempo médio de aplicação de cada sessão é de 30 minutos. Perceba que o contexto de concepção da rotina proposta é para uma sala de aula, porém a adaptação para contextos diversos exige pouco esforço, sendo facilmente adaptada para pequenos grupos ou aplicação individual.

2.2 Avaliação do processo de aquisição das regras morfológico-gramaticais

2.2.1 Por que avaliar?

Faz-se importante a verificação do processo de aquisição das regras ortográficas trabalhadas para entendermos o porquê e para que estamos aplicando determinadas atividades. Segundo Sousa (2023, p. 36), "para observarmos aspectos metodológicos e facilitadores de aprendizagens, é necessária a organização das propostas de ensino para que a aprendizagem seja planejada e de caráter intencional, facilitando a observação dos elementos explicitamente descritos que favoreceram (ou não) as aquisições de competências e habilidades". Para isso, propomos a avaliação dos conhecimentos antes e após a intervenção por meio de um ditado de palavras de baixa frequência[1] (Pinheiro, 1996), que deve ser aplicado antes do início da intervenção e após sua efetivação, possibilitando assim a formulação de um quadro expositivo e comparativo, respectivamente, das aprendizagens e instrumentalizando você a analisar as dificuldades e superações do aluno/turma, a fim de definir um percurso de trabalho seguro e direcionado.

A sondagem consta de um ditado de 21 palavras, as mesmas utilizadas no estudo de dissertação controlado que deu origem ao programa de intervenção neste material publicado (Sousa, 2023).

2.2.2 Procedimentos de aplicação do ditado e materiais

Durante a condução do ditado, as palavras devem ser lidas em voz alta, sem artificialização (i.e., silabação ou pausas), e os alunos devem registrá-las nos espaços numerados correspondentes. Incentive o não uso da borracha, no caso de erros, peça que o aluno circule e escreva na frente a palavra de forma correta, assim você pode, qualitativamente, verificar aspectos que geram confusão na escrita do estudante.

Selecionamos, no entanto, três palavras para cada condição sufixal abordada na intervenção, observe o Quadro 3.

Quadro 3

Palavras adotadas de acordo com a condição sufixal

Grupo	Estímulos
-esa	duquesa, japonesa, princesa
-eza	beleza, pobreza, riqueza
-il	útil, difícil, gentil
-iu	mentiu, sentiu, curtiu

---

[1] Segundo Baldo e Silva (2017, p. 241), palavras de baixa frequência são aquelas que "têm uso bastante restrito pelos falantes de uma determinada língua; dentre as classes gramaticais principais desse grupo constam nomes, verbos, adjetivos e advérbios".

Grupo	Estímulos
-am	tiraram, falaram, cantaram
-ão	contarão, jogarão, beberão
Estabilidade Morfêmica	laranjeira, nojento, açaizeiro

Nota. Elaborado pelos autores.

Para realização do ditado, siga a ordem estipulada. Ela foi gerada aleatoriamente para que não apresentasse padrão de repetição do mesmo sufixo, fazendo assim com que a criança não perceba a regularidade ou incidência da regra empregada sequencialmente. A ficha para preenchimento do aluno encontra-se no Recurso Suplementar 1.

O Quadro 4 apresenta a ordem recomendada para a aplicação do ditado de palavras, com frases de contextualização para serem lidas. Por exemplo: *"JOGARÃO*: Os meninos jogarão bola amanhã. Escrevam *JOGARÃO"*. O estímulo será dito antes, durante e após a frase. A frase auxiliará o aluno a entender o contexto, principalmente quando depende da temporalidade para emprego do correto do sufixo (i.e., -am e -ão).

Quadro 4

Palavras ordenadas aleatoriamente para ditado de palavras e seus respectivos contextos

n	PALAVRA	FRASE DE CONTEXTO
1	DUQUESA	A duquesa é esposa do duque.
2	LARANJEIRA	A laranjeira está carregada.
3	BELEZA	Era tanta beleza que fiquei impressionado.
4	ÚTIL	A dica dada pela professora foi útil.
5	MENTIU	A menina mentiu para a mãe.
6	POBREZA	A pobreza é um problema social.

n	PALAVRA	FRASE DE CONTEXTO
7	TIRARAM	Ontem eles tiraram o lixo de casa.
8	DIFÍCIL	A prova estava difícil.
9	JAPONESA	A japonesa voltou de viagem.
10	CONTARÃO	Amanhã eles contarão o segredo para todos.
11	SENTIU	O menino sentiu dor com a picada do mosquito.
12	JOGARÃO	Amanhã eles jogarão bola.
13	GENTIL	Meu avô é muito gentil.
14	RIQUEZA	Não há maior riqueza que ter saúde.
15	FALARAM	Semana passada eles falaram de mim.
16	CURTIU	Meu irmão curtiu minha foto.
17	PRINCESA	A princesa se perdeu na floresta.
18	BEBERÃO	Disseram que eles beberão refrigerante amanhã à tarde.
19	NOJENTO	O cheiro de estragado estava nojento.
20	AÇAIZEIRO	O açaizeiro está carregado de açaí.
21	CANTARAM	As meninas cantaram no karaokê semana retrasada.

Nota. Elaborado pelos autores.

Apresentamos também uma tabela/crivo de correção (Recurso Suplementar 2), que o auxiliará a visualizar, por grupo sufixal, a performance da criança no ditado. Nele, você marcará um "0" quando errado e "1" quando certa no espaço em branco. Ao final, você somará os acertos e poderá visualizar a condição da criança mediante o sufixo-alvo. Veja nos Quadros 5 e 6 como ele é distribuído.

Quadro 5

Contextualização da aplicação do ditado

Contexto de aplicação	( ) Antes da intervenção.
	( ) Após da intervenção.

Nota. Elaborado pelos autores.

Quadro 6

Crivo de Correção e pontuação do ditado de palavras

Data: __/__/__ Palavra	-eza/ -esa	-il/-iu	-am/ -ão	Estab Morf.
1 Duquesa				
2 Laranjeira				
3 Beleza				
4 Útil				
5 Mentiu				
6 Pobreza				
7 Tiraram				
8 Difícil				
9 Japonesa				
10 Contarão				
11 Sentiu				
12 Jogarão				
13 Gentil				
14 Riqueza				
15 Falaram				

Data: ___/___/___ Palavra	-eza/ -esa	-il/-iu	-am/ -ão	Estab Morf.
16 Curtiu				
17 Princesa				
18 Beberão				
19 Nojento				
20 Açaizeiro				
21 cantaram				
SOMA DOS ACERTOS	/6	/6	/6	/3
	-eza/ -esa	-il/ -iu	-am/ -ão	Estab. Morf.

Nota. Elaborado pelos autores.

A seguir, indicamos os Recursos Suplementares 1 e 2, seguidos da apresentação detalhada das sessões da intervenção com suas respectivas orientações, conforme explicitado nas primeiras exposições deste livro.

Recursos suplementares – Avaliação ortográfica
Recurso Suplementar 1 – Ficha do aluno

Ditado de palavras – Sondagem

Aluno (a): _____ Data: ___/___/___

Contexto de aplicação	( ) Antes da intervenção.
	( ) Após a intervenção.

➔ Ouça as palavras do ditado com atenção e escreva-as nos espaços correspondentes.

1	
2	
3	
4	
5	
6	
7	
8	
9	
10	

11	
12	
13	
14	
15	
16	
17	
18	
19	
20	
21	

Recurso Suplementar 2 – Crivo de Correção do ditado de palavras

Aluno(a): _____

Contexto de aplicação	( ) Antes da intervenção.
	( ) Após a intervenção.

Contexto de aplicação	( ) Antes da intervenção.
	( ) Após a intervenção.

Data: __/__/__

Palavra	-eza/-esa	-il/-iu	-am/-ão	Estab. Morf.
1 Duquesa				
2 Laranjeira				
3 Beleza				
4 Útil				
5 Mentiu				
6 Pobreza				
7 Tiraram				
8 Difícil				
9 Japonesa				
10 Contarão				
11 Sentiu				
12 Jogarão				
13 Gentil				
14 Riqueza				
15 Falaram				
16 Curtiu				
17 Princesa				
18 Beberão				
19 Nojento				
20 Açaizeiro				
21 cantaram				
SOMA DOS ACERTOS	/6	/6	/6	/3
	-eza/-esa	-il/-iu	-am/-ão	Estab. Morf.

Data: __/__/__

Palavra	-eza/-esa	-il/-iu	-am/-ão	Estab. Morf.
1 Duquesa				
2 Laranjeira				
3 Beleza				
4 Útil				
5 Mentiu				
6 Pobreza				
7 Tiraram				
8 Difícil				
9 Japonesa				
10 Contarão				
11 Sentiu				
12 Jogarão				
13 Gentil				
14 Riqueza				
15 Falaram				
16 Curtiu				
17 Princesa				
18 Beberão				
19 Nojento				
20 Açaizeiro				
21 cantaram				
SOMA DOS ACERTOS	/6	/6	/6	/3
	-eza/-esa	-il/-iu	-am/-ão	Estab. Morf.

2.3 Roteiro de Intervenção

1ª Sessão	Processo de derivação e formação de palavras

Objetivos: refletir sobre o processo de formação de palavras e introduzir itens da pesquisa, oferecendo uma noção inicial sobre flexão e derivação.

Tempo de duração: 30 minutos.

Descrição: neste encontro, será apresentado às crianças, pelo mediador, o programa de intervenção. A atividade focal será um jogo da memória que trata de associação de pares de palavras, sendo uma primitiva e outra derivada, com derivação sufixal de plural, formação de substantivos a partir de outros substantivos e formação de adjetivos a partir de substantivos. O mediador, explicitamente, mostrará e conversará com as crianças a respeito das mudanças entre uma palavra e outra, evidenciando o processo de derivação ocorrido, propondo a partir de palavras apresentadas, a formação de outras palavras, tendo base a prática do processo de derivação demonstrado durante o jogo.

Recursos suplementares: jogo da memória da derivação.

Recursos adicionais: fita adesiva ou imã (se disposto no quadro/parede).

Procedimentos didático-metodológicos

📢	💬	→
Fala do mediador	Interação/levantamentos	Procedimentos e organização

1ª atividade (pós-apresentação)

📢 Vocês sabem como se joga um jogo da memória?

💬 Ouvir as respostas dos alunos, fazendo ponderações se necessário a respeito da dinâmica de um jogo de memória e falar da diversidade de jogos do tipo (imagem – imagem, imagem – palavra – sílaba – letra...).

📢 O jogo da memória que iremos jogar agora são com palavras. Só que para formar os pares, teremos de localizar palavras da mesma família. Então, se eu abrir a imagem SOFÁ na primeira escolha e SOFÁS na segunda (mostrar as cartas de exemplo), eu formei um par, pois *sofá* e *sofás* são palavras da mesma família, o que foi modificado, nesse caso, foi a quantidade (plural).

→ Posicionar as imagens viradas no quadro/parede/mesa/chão e proceder a ordenação dos jogadores. Para cada jogada, perguntar para a turma se o par, após revelado, está correto ou não, caso negativo, voltar as cartas para o lugar e, caso positivo, deixar o par revelado no quadro.

Fonte: os autores

(→) Após revelados todos os pares, fazer a análise das palavras de cada par junto aos alunos, destacando com caneta/giz o pedacinho que mantém nas duas palavras e os pedacinhos que mantêm parte da palavra, mas têm que mudar o final (**banan**a – **banan**eira; **feliz** – **felic**idade; **coberto** – **cobert**ura; **maçã** – **maçã**s; **sapat**o – **sapat**eira; **orde**m – **orde**iro; **paciente** – **paciênc**ia; **pão** – **pãe**s). O destaque visa identificar que, ao formarmos palavras provenientes de outras, há pedacinhos que se mantêm.

Discutir com a criança que há palavras que não seguem as regras. Por exemplo, feliz não vira felizidade, mas felicidade.

🔊 (mostrar o par do jogo *sapato – sapateira*): se eu tenho um sapato, eu o guardo na sapat**eira**. O pedacinho -eira indica o lugar de guardar o sapato. Nesse mesmo sentido, vamos pensar: onde eu coloco <u>leite</u>? (leiteira). Onde guardamos lanche? (lancheira).

Há outros sentidos para o pedacinho "-eiro". O que vimos no jogo?

A mulher que trabalha na <u>cozinha</u> é a... (cozinheira). Esse mesmo pedacinho serve para dizer de onde viemos. Por exemplo, quem nasce em Minas Gerais é mineiro.

💬 (mostrar o par do jogo *ordem – ordeiro*): se o menino mantém tudo em <u>ordem</u>, ele é ord**eiro**. Questione: se eu escrever tudo <u>certo</u>, eu fui... (certeiro). Quem nasce no <u>Brasil</u> é... (brasileiro). O barco a <u>vela</u> é um... (veleiro). Quem dá <u>calote</u> é... (caloteiro).

2ª atividade

📢 Agora que já conhecemos um pouco de como é possível formar outras palavras, vamos tentar formar palavras com essas que colocarei no quadro (escrever no quadro as palavras *janela, pincel, quadro, porta, jornal*, de modo que as palavras que os alunos irem lançando possam ser colocadas abaixo das primeiras, que são as geradoras da produção).

↻ Observar as palavras produzidas antes de anotar, dentre as possibilidades para cada uma temos: janela: janelinha, janelão, janelões...; pincel: pincelzinho, pincelar, pincelada...; quadro: quadrinho, quadrado, quadrante...; porta: porteiro, porteira, portão...; jornal: jornaleiro, jornalzinho, jornalista... Fazer os destaques com caneta das partes que foram repetidas/mantidas na escrita dos derivados, bem como o que mudou em níveis de significado de uma palavra para outra (por exemplo: **pincel** – **pincel**ada: para dar *pinceladas* de tinta usamos o *pincel*; sendo o pincel um instrumento e a pincelada uma ação. **Port**a – **port**eiro: o *porteiro* trabalha na *porta/portaria*. Porta/portaria se refere a uma localidade/setor/algo inanimado, já "porteiro" é uma profissão, uma pessoa que trabalha na portaria, onde fica a porta. E assim seguir com as demais palavras levantadas pelos alunos).

Figura 3

Modelo de organização do quadro

Nota. Elaborado pelos autores no Canva.

<u>3ª atividade – avaliação</u>

📢 Como podemos formar palavras a partir de outras?

💬 Ouvir as respostas das crianças a respeito do processo de formação de palavras que conseguem se recordar a partir das atividades apresentadas, auxiliando quando necessário. Espera-se que as crianças consigam expor a relação de manutenção de partes das palavras para a formação de outras e que estas passam a ter diferentes significados. Se pertinente, fazer o registro escrito das hipóteses levantadas para acompanhamento evolutivo.

Recursos suplementares da 1ª sessão	
Jogo da memória da derivação – sessão 1	
BANANA	BANANEIRA
FELIZ	FELICIDADE
 O menino está dormindo coberto.	 Meu amigo mora na cobertura do prédio.
COBERTO	COBERTURA
MAÇÃ	MAÇÃS

SAPATO	SAPATEIRA
A fila é em ordem de chegada. ORDEM	O professor é ordeiro. ORDEIRO
Ela é paciente. PACIENTE	Ela tem muita paciência. PACIÊNCIA

2ª Sessão	Introdução aos sufixos -eza/-esa

Objetivo: refletir sobre os morfemas homófonos "-esa" e "-eza", com enfoque no "-esa" enquanto indicador de nacionalidade e origem.

Tempo de duração: 30 minutos.

Descrição: o foco deste encontro é apresentar a homofonia entre os sufixos -eza e -eza. A atividade proposta parte da análise de frases com lacuna no quadro ou impressas apoiadas na mesa, onde o mediador fará o registro das respostas e destacará a diferença na grafia entre os sufixos, partindo para a discussão explícita dos significados e usos destes morfemas. O encontro contará com um ditado de palavras em que os alunos, a partir das pistas explicitadas anteriormente, farão a escrita das palavras pronunciadas e classificarão nas colunas dos morfemas-alvo.

Recursos suplementares: palavras para o sorteio; ficha impressa para o ditado (Recursos Suplementares 3, 4 e 5).

Recursos adicionais: quadro/cartolina/papel A4, fita adesiva.

Procedimentos didático-metodológicos

Fala do mediador	Interação/levantamentos	Procedimentos e organização

1ª atividade

📢 Hoje iremos começar nossa aula com a leitura dessas frases que coloquei no quadro (pedir para cada aluno ler uma frase em voz alta).

As frases sugeridas para registro no quadro/cartolina/papel A4 são (Recurso Suplementar 5):

CHINESA

FRANCESA

a) A pessoa que nasce na França é _____.

b) Quem é bravo tem _____.

c) A pessoa que nasce na Holanda é _____.

BRAVEZA

d) Quem é esperto tem _____.

JAPONESA

e) A pessoa que é nascida no Japão é _____.

HOLANDESA

f) A pessoa que é nascida na China é _____.

ESPERTEZA

Fonte: os autores

📢 Estas frases estão incompletas, iremos completá-las com palavras que estão dentro desta caixa! (colocar as palavras [Recurso Suplementar 3] dentro de alguma caixa vazia ou suporte para que as crianças possam sortear).

→ Organizar os alunos que irão sortear voluntariamente as palavras, para lê-las e fixá-las na frase com fita adesiva ou imã de modo coerente ao conteúdo da frase. Cada criança sorteará a palavra, revelará para a classe/mediador e indicará a frase que se encaixa. Após, o próximo aluno repetirá o processo até todas as frases serem completadas. Proceder com a leitura em voz alta das frases novamente, só que, dessa vez, completas.

2ª atividade

🔈 Vou ler agora apenas as palavras que vocês sortearam (ler as palavras em voz alta). O que elas têm em comum?

💬 Neste momento, espera-se que os alunos levantem a questão do mesmo som final e a observação de dois pares diferentes de escrita (palavras que contenham S e outras com Z). Caso não, direcionar a observação com apoio do dedo indicador.

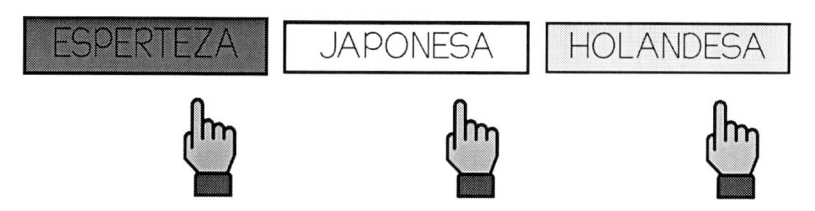

Fonte: Flaticon

🔈 Vamos agora observar o que eu grifarei (grifar o sufixo -EZA de uma cor e -ESA de outra). Por que será que, mesmo tendo o mesmo som ao falarmos, as escrevemos de formas diferentes?

CHIN<u>ESA</u>   BRAV<u>EZA</u>

💬 As crianças que tiveram algum contato explícito com este tipo de atividade poderão se recordar de algum conhecimento a respeito das regras morfológicas apresentadas. Os alunos também podem fazer alguma observação em relação à nacionalidade, visto que os exemplos do sufixo -esa são todos desse modelo.

📢 No caso das frases do quadro/suporte, as palavras que terminam com -esa, que grifei de... (falar a cor utilizada), indicam a nacionalidade de uma pessoa (retomar as palavras com -esa das frases). As palavras com -esa ainda podem indicar a origem das pessoas, como princesa, baronesa... Já as palavras terminadas em -eza, que grifei de... (falar a cor utilizada), indicam uma qualidade, um adjetivo (retomar as palavras com -eza das frases).

3ª atividade

📢 Agora que aprendemos um pouco sobre quando devemos usar os pedacinhos -esa (com S) e -eza (com Z), iremos fazer um ditado. Vou falar para vocês algumas palavras e vocês as escreverão na folha que eu entregar, mas neste momento não poderemos falar em voz alta, nós iremos corrigi-lo daqui algumas aulas para discutirmos o que aprendemos, combinado?

→ Distribuir a folha de ditado (Recurso Suplementar 4) e orientar o preenchimento do nome. Após concluído, recolher a folha. Durante o ditado das palavras, apenas ditar, sem dar pistas sobre o uso do S ou Z ou silabar. As palavras a ditar são: ESPERTEZA; CAMPONESA; FRIEZA; NOBREZA; BARONESA; LERDEZA; FREGUESA; POLONESA; CLAREZA; PORTUGUESA; GENTILEZA; LIBANESA.

PALAVRAS COM *-ESA*	PALAVRAS COM *-EZA*

📢 Observem que na folha que vocês receberam tem duas colunas. Na primeira coluna, vocês deverão colocar as palavras escritas com -esa e na segunda as palavras com -eza.

4ª atividade – avaliação

📢 Quando utilizamos os pedacinhos -eza e -esa?

💬 Ouvir as respostas das crianças. Fazer as mediações devidas a partir das informações que você compartilhou durante a sessão. Importante que destaquem o uso do -esa para nacionalidade e títulos de nobreza e -eza para características/adjetivos ou estado. Se pertinente, fazer o registro escrito das hipóteses levantadas para acompanhamento evolutivo.

Recursos suplementares da 2ª sessão
Recurso Suplementar 3 – Palavras para sorteio e completar sentenças – Sessão 2

FRANCESA

BRAVEZA

HOLANDESA

ESPERTEZA

JAPONESA

CHINESA

Recurso Suplementar 4 – Ficha para ditado – Sessão 2

Nome: _____ Data: __ /__/__

Ditado -ESA e -EZA

➔ Ouça as palavras que serão ditadas e escreva na coluna que julgar adequado.

PALAVRAS COM **-ESA**	PALAVRAS COM **-EZA**

Recurso Suplementar 5 – Completar sentenças – Sessão 2

➔ Acompanhe o sorteio e complete as sentenças.

a) A pessoa que nasce na França é _____.

b) Quem é bravo tem _____.

c) A pessoa que nasce na Holanda é _____.

d) Quem é esperto tem _____.

e) A pessoa que é nascida no Japão é _____.

f) A pessoa que é nascida na China é _____.

3ª Sessão	Sufixo -eza

Objetivo: refletir sobre o uso do sufixo "-eza".

Tempo de duração: 30 minutos.

Descrição: o encontro será voltado ao estudo do sufixo derivacional -eza, iniciando com uma dinâmica de leitura e classificação de palavras, contando com primitivas (adjetivos) e derivadas (substantivos), onde os alunos, com direcionamento do mediador, farão a classificação destas, evidenciando a regra de uso do sufixo -eza. Após, farão uma atividade em folha impressa com foco em derivação e contextualização em frases.

Recursos suplementares: palavras a serem colocadas nos balões (Recurso Suplementar 6), folha impressa (Recursos Suplementar 7).

Recursos adicionais: balões (bexigas) de festa.

Procedimentos didático-metodológicos

Fala do mediador	Interação/levantamentos	Procedimentos/organização

1ª atividade

📢 Nossa aula de hoje, vai começar com uma brincadeira! É o Desafio do Estouro! Nós temos pendurados aqui no (quadro/parede/varal...) 10 balões e esta tabela (pode estar numa cartolina, escritas no quadro...). Nosso desafio é fácil: estourar os balões, ler as palavras e classificá-las em uma das duas colunas da tabela.

→ Antes do início da aula, deixar dispostos os balões e a cartolina com a tabela, com uma coluna para palavras primitivas e outra para derivadas. Organizar os alunos que irão fazer o estouro dos balões, um de cada vez. As palavras presentes nos balões são: CERTO; CERTEZA; LERDO; LERDEZA; CLARO; CLAREZA; GRANDE; GRANDEZA; MOLE; MOLEZA.

📢 Quais informações que iremos obter destas palavras? Olhem aqui na tabela, nós temos "Palavras Primitivas" e "Palavras Derivadas". Alguém sabe o que é isso?

💬 Verificar o que os alunos sabem a respeito do significado de *primitivo* e *derivado*. Possivelmente serão dados exemplos, caso não, você mesmo pode induzir a conceituação a partir deles. Utilize a palavra "porteiro", da primeira sessão. Ela vem de "porta". Também temos "portinha" e "portaria". Explique aos alunos que uma palavra primitiva é aquela que dá origem a outras e todas outras palavras formadas a partir de uma palavra-base chamam-se derivadas. Classifique junto a eles *porta, portaria, porteiro* e *portinha* na tabela. Após, proceda ao estouro dos balões. Cada aluno estoura em sua vez e lê em voz alta a palavra sorteada e volta para seu lugar com a palavra.

Palavras primitivas	Palavras derivadas
porta	porteiro, portinha, portaria
CERTO	CERTEZA
LERDO · LERDEZA · CLARO	CLAREZA · GRANDE · GRANDEZA

Fonte: os autores

📢 Agora que já sabemos quais são as dez palavras que estavam nos balões, vocês devem ter percebido que elas têm pares. Vou chamar um aluno aqui na frente e quem tiver o par da palavra dele virá também (chame um aluno à frente, peça que ele leia a palavra e o aluno que tiver o par correspondente se apresenta e se levanta, colocando-se junto ao primeiro aluno). Muito bem! Dessas duas palavras qual é a primitiva e qual é a derivada? (os próprios alunos que sortearam podem fazer a explicação ou algum outro aluno da classe. Medie a situação a partir da palavra apresentada, se necessário, retorne ao exemplo da porta. Estando correta, peça que posicionem na tabela. Reinicie o processo até a tabela estar preenchida com os cinco pares de palavras).

2ª atividade

📢 Agora que nós já organizamos nossa tabela, vamos relembrar o que aprendemos sobre o pedacinho -eza (grifar todos os sufixos -eza neste momento). Quando é que o utilizamos?

💬 Retomar a explicação dada na última sessão. O sufixo -eza é utilizado para indicar substantivos abstratos derivados de adjetivos, podendo exprimir qualidade ou estado.

Vocês observaram que para escrever a palavra CERTEZA, que vem de CERTO, foi feita a junção de CERTO + EZA? Nesse caso, precisamos tirar a letra "o". Isso sempre ocorrerá, exceto quando a palavra terminar em "e", veja o caso de MOLE, que incluímos o "za" ao final, pois não é necessário repetir a letra "e", que se mantém.

Agora, vamos formar novas palavras a partir de adjetivos (qualidades, características) e, para cada palavra criada, vocês deverão criar também uma frase com a nova palavra.

Distribua para cada aluno a folha com a lista de adjetivos (Recurso Suplementar 7) para a realização da atividade.

3ª atividade – avaliação

Vamos corrigir juntos a atividade?

Solicitar que os alunos registrem no quadro as palavras formadas e leiam em voz alta as frases que criaram. Observar a grafia correta do sufixo -eza e a contextualização das palavras em frases oralmente.

Recursos suplementares da 3ª sessão
Recurso Suplementar 6 – Palavras – Dinâmica do Estouro – Sessão 3

CERTO CERTEZA

LERDO LERDEZA

CLARO CLAREZA

GRANDE GRANDEZA

MOLE MOLEZA

Fonte: os autores

Recurso Suplementar 7 – Atividade formação de palavras e frases – Sessão 3

Nome: .... Data: ..../......./........

PALAVRA + EZA

→ Forme palavras adicionando o sufixo -eza aos adjetivos da primeira coluna.

Adjetivo	Nova palavra com -EZA	Frase
POBRE		
LEVE		
MAGRO		
LIMPO		
FRIO		
DURO		
DELICADO		
BELO		

4ª Sessão	Sufixos -eza/-esa

Objetivos: generalizar as normas de escrita dos sufixos -esa e -eza e empregá-los adequadamente, conforme os contextos de escrita apresentados anteriormente.

Tempo de duração: 30 minutos.

Descrição: o foco deste encontro é generalizar o uso dos morfemas -eza e -esa, onde será iniciado retomando o ditado realizado na segunda sessão, perfazendo sua correção e evidenciando as regras de escrita dos morfemas. Em seguida, será realizada uma atividade de emprego de palavras com os morfemas-alvo em frases.

Recursos suplementares: folha impressa (Recurso Suplementar 8).

Recursos adicionais: quadro/cartaz para registros

Procedimentos didático-metodológicos

Fala do mediador	Interação/levantamentos	Procedimentos/ organização

1ª atividade

Agora que aprendemos um pouco mais sobre os pedacinhos -esa e -eza, vamos corrigir o ditado que fizemos há alguns dias? (distribuir o ditado realizado na segunda seção).

📢 Antes de começarmos, vou repetir as palavras e vocês confiram uma a uma, caso você acredite que deva mudar alguma de coluna, faça uma marcação na frente dela (pronunciar as palavras do ditado com pausa entre uma e outra, porém sem artificialização [silabação]: esperteza; camponesa; frieza; nobreza; baronesa; lerdeza; freguesa; polonesa; clareza; portuguesa; gentileza; libanesa).

→ No quadro, faça uma versão ampliada da tabela do ditado, com uma coluna para as palavras com -esa e outra para as palavras com -eza. Para a correção, convide os alunos para registrarem no quadro a palavra, um de cada vez, e sempre questione o porquê de colocar a palavra na coluna escolhida. Atente-se às explicações e convide o restante da turma a interagir, fazendo as mediações e correções necessárias. Ao completarem a tabela, faça os destaques de cor diferente sob os sufixos -esa e -eza. Faça a checagem das palavras e relembre o que foi colocado durante as seções:

📢 Esperteza: quem é esperto tem esperteza, é uma palavra formada a partir de um adjetivo (claro). Nesse caso, escrevemos com -eza. Camponesa é o feminino de camponês, que escrevemos com -ês, então mantém a escrita do **s** e acrescentamos o **a** para formar o feminino. Frieza pode ser alguém que demonstra poucas emoções, uma pessoa *fria*. Nesse caso, é uma palavra que vem de um adjetivo, escrevemos com -eza. Nobreza vem de nobre, é um adjetivo, quem é nobre faz parte da nobreza, escrevemos com -eza. Baronesa é alguém que pertence a um reinado, é um título, então escrevemos com -esa. Lerdeza é quando estamos lerdos para algo, estamos demorando, fazendo com lerdeza. Então é uma palavra derivada de um adjetivo (lerda), escrevemos com -eza. Freguesa é o feminino de freguês, que escrevemos com -ês, então mantém a escrita do **s** e acrescentamos o **a** para formar o feminino. Polonesa é a mulher que nasce na Polônia, é a nacionalidade dela, então a escrita é com -esa. Clareza vem do adjetivo claro, então é escrita com -eza. Portuguesa é a mulher que nasce em Portugal, então é escrito com -esa. Gentileza vem do adjetivo gentil, escrevemos com -eza. Libanesa é a mulher que nasce no Líbano, é a nacionalidade dela, então escrevemos com -esa.

Palavras com -eza	Palavras com -esa
Lerdeza	Camponesa

2ª atividade

📢 Nossa próxima atividade é uma cruzadinha com palavras com -eza e -esa. Para resolvê-la, leia a frase e observe atentamente a palavra em destaque, pois é ela que deverá ser modificada e acrescido os pedacinhos -eza ou -esa (recordar o processo de derivação de palavras).

→ Distribuir a atividade (Recurso Suplementar 8) e informar que o tempo para realização é de 10 minutos. Ao decorrer, tire as possíveis dúvidas que surgirem. Após, faça a correção, lendo as frases e deixando que os alunos completem oralmente. Você registra a palavra no quadro e questiona se é com S ou Z e pergunta o porquê, a fim de estimular a sistematização do uso das regras da escrita dos morfemas em estudo.

3ª atividade – avaliação

📢 Vamos relembrar as regras do uso do -esa e -eza?

💬 Faça no quadro/folha/caderno o registro em formato de lista, de forma mediada, do que as crianças lembram a respeito do uso dos sufixos em estudo. "Uso -esa em: -nacionalidade, -origem, - quando o masculino termina com -ês e títulos de nobreza". "Uso -eza em: -palavras que são formadas a partir de adjetivos, características".

Recursos suplementares da 4ª sessão
Recurso Suplementar 8 – Palavras cruzadas – Sessão 4

Nome: .... Data: ..../......./........

➔ Escreva na cruzadinha as palavras derivadas das que estão em destaque, terminadas em -*esa* ou -*eza*.

1. A pessoa que é filha de <u>barões</u> é _____.

2. A pessoa nascida no <u>Japão</u> é _____.

3. Depois de explicado, ficou tudo mais <u>claro</u>. Tive _____ do assunto.

4. Achei a prova muito fácil, estava <u>mole</u>! As questões foram _____.

5. A pessoa que mora no <u>campo</u> é _____.

6. A pessoa estava <u>certa</u>. Ela tinha _____ do que dizia.

7. A princesa era muito <u>bela</u>. Fiquei encantado com sua _____.

8. A cadeira não estava muito firme, não senti _____ ao me sentar.

9. A pessoa nascida na Polônia é _____.

10. A esposa do duque é a _____.

➔ **Preencha as palavras completadas nas frases nos espaços da cruzadinha:**

5ª Sessão	Sufixos -am/-ão

Objetivos: introduzir e refletir sobre os morfemas homófonos "am" e "ão"

Tempo de duração: 30 minutos.

Descrição: o encontro terá como foco o estudo dos morfemas -ão/-am, sendo contextualizada com a leitura compartilhada do texto "Memórias de uma velha bola" (elaborado para esta obra), partindo da análise das palavras e contextos das sentenças, evidenciando aspectos de tempo verbal. Em seguida, contará com a reescrita do texto, com transição do tempo verbal pretérito-futuro. No intermédio das atividades, o mediador, explicitamente, evidenciará a necessidade de análise do contexto temporal das frases para a escrita correta dos morfemas em estudo.

Recursos suplementares: folhas impressas com os textos (Recursos Suplementares 9 e 10).

Recursos adicionais: quadro/cartaz para registros.

Procedimentos didático-metodológicos

Fala do mediador	Interação/levantamentos	Procedimentos/ organização

1ª atividade

📢 Quem aqui gosta de futebol? Quais são os elementos presentes numa partida? Hoje leremos um texto sobre um item muito importante num jogo: a bola!

↪ Distribuir uma cópia do texto "Memórias de uma velha bola" para cada aluno e orientar que acompanhem atentamente a leitura que você fará em voz alta.

💬 Após a leitura, aborde questões, oralmente, de compreensão do texto (qual o assunto, personagens, o que e quando se passa a história e impressões gerais dos alunos...).

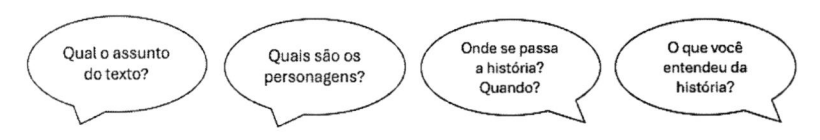

Qual o assunto do texto?   Quais são os personagens?   Onde se passa a história? Quando?   O que você entendeu da história?

Fonte: os autores

💬 Ao questionar **"quando"** se passa a história, solicite que os alunos busquem explicar como conseguiram identificar a resposta. Espera-se que identifiquem o <u>contexto temporal</u> dos verbos empregados. Caso não consigam, retome a frase no texto e indique o contexto temporal indicado pelos verbos ([...] "O dia mais marcante **foi** do campeonato de verão. Campo cheio, emoção a mil! Os meninos do time do bairro **viraram** profissionais da bola. **Vestiram** a camisa e **sentiram** o momento. **Caíram, levantaram, choraram** e uns até **espernearam**. Mas tudo por uma boa causa, não acha? No fim, todo esforço **foi** recompensado: **ganharam** o campeonato!" [...]).

📢 Vocês perceberam que no texto há algumas palavras terminadas em -ão e outras em -am? Vamos circulá-las com cores diferentes? (auxiliar os alunos na identificação e marcação das palavras, registre no quadro/papel e apresente como modelo).

(→) Após a localização e marcação dos verbos, registre-os no quadro e proponha uma reorganização por similaridade em duas colunas (pretérito – o que já aconteceu e futuro – o que ainda/ poderá acontecer). Retome/introduza o conceito de verbo, elucidando que são palavras que indicam ação, estado ou fenômenos da natureza, use como exemplo algumas frases para os alunos identificarem, oralmente, o que cada verbo exprime:

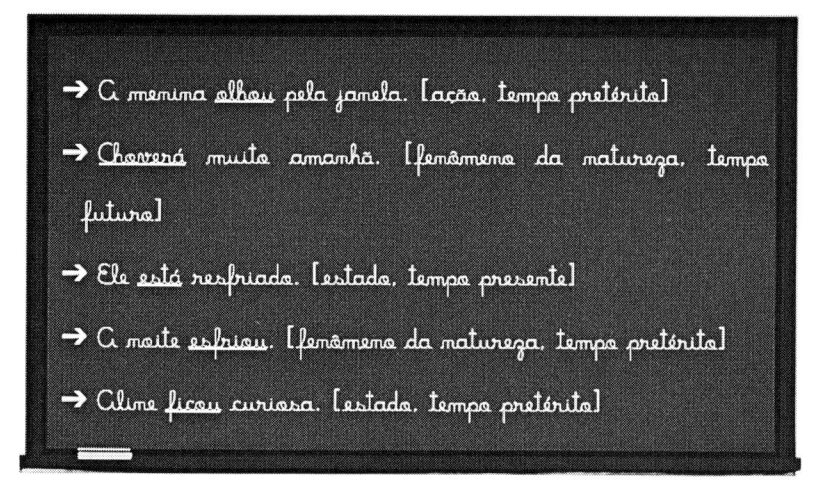

Fonte: Elaborado pelos autores no Canva.

(→) Retome a frase anterior à explicação dos verbos e elucide que os verbos que serão trabalhados são de *ação*. Ressalte também que a ocorrência passado/futuro não é determinada apenas pela terminação -am/-ão, mostre outros casos, como irregularidades, *foi, fui, serei, irei, vou...* apontando junto ao aluno as ideias temporais que exprimem.

💬 Lance uma reflexão sobre a escrita e os respectivos contextos frasais, por exemplo: *"Se na frase* 'Os meninos do time do bairro **viraram** profissionais da bola', *se eu usar a palavra* **virarão** *ao invés de viraram, teria sentido mantendo o restante do texto como está? Por quê?"*. Espera-se que os alunos percebam os sentidos provocados pelas terminações dos tempos verbais, caso não, retome o trecho no texto e escrita no quadro, destacando as terminações e focando o contexto. Repita o procedimento com: "Os meninos **vibraram** a cada drible, **gritaram** a cada gol (feito ou perdido)", trocando por **vibrarão** e **gritarão**.

2ª atividade

📢 Agora que já conhecemos um pouco mais sobre os verbos, faremos uma mudança no texto que lemos! Em vez de estar no passado, conjugaremos os verbos no tempo futuro!

→ Distribua o texto para leitura e completar, "Futuro de uma bola de futebol" (Recurso Suplementar 10), utilizando o mesmo contexto escrito, apresentando flexão verbal dos verbos- -alvo. Faça a comparação dos títulos e indique aos alunos que os verbos entre parênteses são os verbos que deverão ser conjugados no futuro. Realize a leitura em voz alta junto aos alunos e, a cada pausa/lacuna a ser completada, instigue-os a responder sobre a escrita no futuro do verbo-alvo. A cada preenchimento, retome a leitura do parágrafo para verificar efeito de sentido junto a turma. Proceder assim até a conclusão do texto, com a leitura na íntegra.

3ª atividade – avaliação

📢 Hoje aprendemos sobre verbos, que são palavras que podem exprimir... (deixar os alunos completarem ação, estado ou fenômeno da natureza). Em especial, aprendemos sobre verbos terminados em -am e -ão. Qual desses pedacinhos indica passado e qual indica futuro? Quero que vocês me digam frases com esses pedacinhos.

Incentive os alunos a produzirem oralmente frases que possuam os sufixos -am e -ão, de forma que flexionem a frase no pretérito e futuro (convide outro aluno a flexionar a frase do colega, sempre explicitando o tempo verbal e o contexto apresentado). Medie a situação, principalmente quanto à escolha correta dos verbos, para que não haja fuga da proposta. Caso não haja participação, proponha os verbos comeram, brincaram, saíram, divertiram, cantaram, olharam para a produção oral.

Recursos suplementares da 5ª sessão
Recurso Suplementar 9 – Texto "Memórias de uma velha bola"

Texto 1

MEMÓRIAS DE UMA VELHA BOLA

Se eu te contasse você não acreditaria... Claro, até porque me vendo assim, murcha, surrada, não teria fé que eu já vivi meu esplendor.

Eu era a mais requisitada nas peladas... Quanto me jogaram! A cada chute era uma emoção! Os meninos vibraram a cada drible, gritaram a cada gol (feito ou perdido).

O dia mais marcante foi do campeonato de verão. Campo cheio, emoção a mil! Os meninos do time do bairro viraram profissionais da bola. Vestiram a camisa e sentiram o momento. Caíram, levantaram-se, choraram e uns até espernearam. Mas tudo por uma boa causa, não acha? No fim, todo esforço foi recompensado: ganharam o campeonato!

Os que se lamentaram foram os que perderam. Era um chororô que não tinha fim... Para acalmar, superar e comemorar, todos correram para a sorveteria e comeram *banana split*. Que dia, jovens!

Se os dias serão assim novamente? Diga-me você!

Fonte: os autores (2024)

Recurso Suplementar 10 – Texto "Futuro de uma bola de futebol"

Texto 2

FUTURO DE UMA BOLA DE FUTEBOL

Uma bola recém-saída de uma grande loja de esportes pensava em seu destino durante o caminho até a nova morada.

"Para onde irei? Será que serei bem aproveitada? Terei um campo para brilhar?"- se indagava a bola.

Ansiosa, ainda pensava "Os meninos me _____ (adorar)! Claro novinha como eu... só eu! Eles me _____ (chutar), _____ (passar), e _____ (correr) atrás de mim.

Só não podem me esquecer. A cada noite _____ (sonhar) com o dia seguinte. Eles _____ (esperar) ansiosos para me verem chegar..."

Quando enfim a bola chegou, foi uma festa que só. Mas, a mãe logo avisou "Amanhã vocês _____ (brincar), já está tarde! Primeiro vocês _____ (dormir) e, ao acordar, _____ (ter) o que tanto querem."

E, a bola, numa pompa que só ela, também dormiu esperando os novos dias dela.

Fonte: os autores (2024)

6ª Sessão	Sufixos -am/-ão

Objetivos: refletir e empregar corretamente os morfemas homófonos '-am' e '-ão'

Tempo de duração: 30 minutos.

Descrição: o encontro terá como foco contextualizar o emprego e uso dos morfemas -am e -ão, por meio de explicitação oral e atividade de completar frases. Finalizará com a escrita das regras de uso dos morfemas em estudo, com mediação do mediador.

Recursos suplementares: folhas impressas (Recursos Suplementares 11 e 12).

Recursos adicionais: quadro/cartolina para registros.

Procedimentos didático-metodológicos

Fala do mediador	Interação/levantamentos	Procedimentos/organização

1ª atividade

Vocês se lembram de que se tratava o texto que lemos no último encontro? O que conversamos a partir dele? Vamos recordar o que aprendemos? Quando uso -ão e quando uso -am? (mediar a discussão a fim de recordar o uso dos sufixos em estudo, conforme avaliação realizada ao final do último encontro).

📢 Agora que recordamos que o -am usamos em eventos que já aconteceram e -ão naqueles que ainda acontecerão, vamos completar corretamente as frases que estão no quadro.

⟶ Registre no quadro ou em papel as frases abaixo para a dinâmica (Recurso Suplementar 11). Após, ler em voz alta e questionar aos alunos, explicitando o contexto de tempo dos fatos de cada frase.

Há muito tempo, os meninos_____ (jogar) a bola. No futuro eles_____ (jogar) a bola.

Antigamente, eles_____ (precisar) da bola velha. Quando comprarem outra, eles_____ (precisar) da nova.

Na semana passada, eles_____ (brincar) com a bola velha. Semana que vem eles_____ (brincar) com a bola nova.

2ª atividade

📢 Agora, vamos fazer uma atividade para mostrarmos o que aprendemos. Leiam com atenção e preencham os espaços das frases, observando os fatos e os verbos entre parênteses.

⟶ Distribuir a atividade contendo frases lacunadas (Recurso Suplementar 12) para serem preenchidas com verbos terminados em -am e -ão, enfatize a observação do contexto para a notação (pretérito perfeito/futuro do presente). Temporize um tempo médio de 10 minutos para a realização individual da atividade, mediando as dúvidas que surgirem no transcorrer.

💬 Realizar a correção convidando os alunos a registrarem no quadro as palavras utilizadas/flexionadas em cada frase, a cada registro, peça a leitura em voz alta da frase completa e peça que o aluno explique o motivo do uso do sufixo -am ou -ão, medie a situação a partir dos contextos das próprias frases (se o evento já ocorreu ou não), com apoio das marcas textuais presentes.

3ª atividade – avaliação

📢 Agora que terminamos nossa atividade, vamos registrar no caderno as regras que aprendemos?

💬 Fazer o registro no quadro, a partir de questionamentos aos alunos. "Quando usamos o -am e o -ão?"; "Podem me dar um exemplo?". Incentive a participação e produção de exemplos, se necessário retomar as palavras trabalhadas durante as duas sessões, enfatizando os morfemas em estudo.

Recursos suplementares da 6ª sessão

Recurso Suplementar 11 – Completar frases.

Complete as frases junto ao mediador.

➔ Há muito tempo, os meninos _____ (jogar) a bola. No futuro eles _____ (jogar) a bola.

➔ Antigamente, eles _____ (precisar) da bola velha. Quando comprarem outra, eles _____ (precisar) da nova.

➔ Na semana passada, eles _____ (brincar) com a bola velha. Semana que vem eles _____ (brincar) com a bola nova.

Recurso Suplementar 12 – Completar sentenças – Sessão 6

Atividade –AM/–ÃO

➔ Leia as frases e empregue os verbos adequadamente, observando quando os eventos aconteceram.

1) Amanhã eles _____ pela manhã. (sair)

2) Ontem eles _____ à noite. (sair)

3) Meus avós não _____ do evento. (participar).

4) Os meninos _____ bola na terça feira que vem. (jogar)

5) Amanda e Caio _____ videogame semana passada. (jogar)

6) Elas _____ a casa depois de amanhã. (limpar)

7) Você sabe se elas _____ a casa ontem? (limpar)

8) Eles se _____ há muito tempo. (conhecer)

9) Elas _____ de escrever a história mês que vem. (terminar)

10) Meus amigos _____ de montar o quebra-cabeça anteontem. (terminar)

7ª Sessão	Sufixos -il/-iu

Objetivos: refletir e empregar corretamente a escrita dos morfemas -il/ -iu

Tempo de duração: 30 minutos.

Descrição: o encontro terá como foco o estudo dos morfemas -il/ -iu, partindo de uma dinâmica de estilo jogo da memória, onde o mediador explicitará com o decorrer do jogo, a partir dos conhecimentos prévios e construção com os alunos, as regras de uso dos morfemas, sendo apresentados, para -il, adjetivos e, para -iu, verbos.

Recursos suplementares: dado com os morfemas-alvo (Recurso Suplementar 13) e palavras para o cartaz (Recurso Suplementar 14).

Recursos adicionais: cartolina.

Procedimentos didático-metodológicos

Fala do mediador	Interação/levantamentos	Procedimentos/organização

1ª atividade

⏹ Hoje, iniciaremos nossa aula com um jogo da memória! O material que utilizaremos é este dado e este cartaz (exibir os materiais). O cartaz possui 15 fichas encobertas e o dado seis faces: três com -**il** e três com -**iu**. A cada rodada um jogador lança o dado, escolhe uma ficha e vamos verificar se o pedacinho se encaixa corretamente ali. Se encaixar, nós escreveremos na ficha e deixaremos aberta, senão, ela volta a ser fechada e partimos para a próxima rodada.

→ Organizar a ordem de cada jogador e manter a turma sentada em seus lugares em cada jogada. O jogador, ao escolher a carta, arriscará uma das fichas e, junto à classe, você deverá fazer a mediação do uso ou não do morfema. Para esta atividade, foram selecionadas 15 palavras, onde, para o morfema -il, foram escolhidos oito adjetivos, e, para o morfema -iu, são sete verbos. As palavras são as elencadas a seguir. Organize com antecedência o jogo da memória. O Recurso Suplementar 14 é um modelo das fichas, você pode reeditar, lembrando de encobrir com algum outro papel as palavras para serem reveladas.

DIFÍCIL – ÁGIL – GENTIL – FÁCIL – FEBRIL – ÚTIL – VERSÁTIL – VIU– OUVIU – SENTIU – CAIU – PEDIU – TOSSIU – MENTIU – SAIU

Veja a seguir um modelo de sugestão para organização do cartaz.

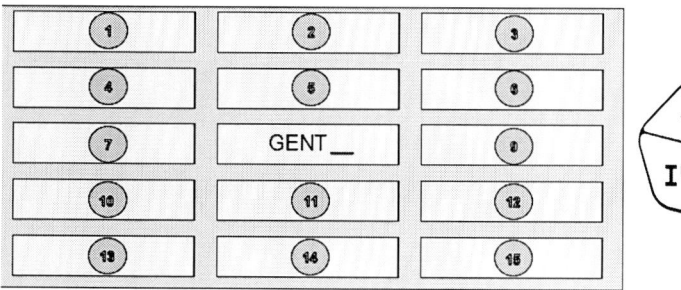

Fonte: os autores

⌐⌐ A cada rodada/jogada, questionar: "A palavra _____ (palavra revelada pelo aluno no cartaz) é uma ação/algo que praticamos/fazemos ou uma qualidade/defeito?", retomando-se assim o conceito de verbo e adjetivo, focos das palavras expostas, "podemos então encaixar o pedacinho -il/ -iu nesta palavra?". Solicite auxílio da classe quando a criança apresentar dificuldades. Ao fazer a escolha correta, solicite que a criança registre na ficha, com caneta de quadro, o morfema. Após, solicite a contextualização oral em uma frase, caso a criança desconheça a palavra, auxilie-a.

2ª atividade – Avaliação

⌐⌐ Vamos organizar as palavras que aprendemos hoje de acordo com o pedacinho final?

⌐⌐ Mediador, com a auxílio da classe, separe as palavras em duas colunas explicitando os morfemas -il/-iu, com uma coluna para cada. A cada registro de palavra, retome o significado da palavra, a função e o porquê de ser escrita com -il ou -iu. Incentive a participação dos alunos e tire as possíveis dúvidas que surgirem.

Dica: para montar seu jogo, use, além da cartolina-base, papel de maior gramatura, com medidas de 1cm a mais das palavras do Recurso Suplementar 14 nos lados superior, inferior e esquerdo. Este "excesso" você deverá dobrar e, no meio do suporte, colar as palavras. Com isso, você poderá utilizar como "janela", utilizando outro pedaço de papel para encobrir a palavra, que se apoiará nestas bordas recomendadas. Utilize fita adesiva ou *contact* sobre as palavras para ter possibilidade de escrita por mais de uma vez. Isso contribuirá para você poder usar o material por mais de uma vez.

Recursos suplementares da 7ª sessão
Recurso Suplementar 13 – Dado para dinâmica – Sessão 7

Fonte: Canva

Dica: se possível, faça um dado grande para ficar mais interativo. Você pode confeccionar encapando uma caixa que tenha as mesmas dimensões laterais ou usando caixas de leite.

Recurso Suplementar 14 – Palavras para o Jogo da Memória – Sessão 7

DIFÍC_ _
V_ _
ÁG_ _
CA_ _
GENT_ _
SENT_ _
FÁC_ _
MENT_ _
FEBR_ _
SA_ _
ÚT_ _
OUV_ _
VERSÁT_ _
TOSS_ _
PED_ _

8ª Sessão	Estabilidade morfêmica

Objetivo: observar que morfemas mantêm a estabilidade ortográfica.

Tempo de duração: 30 minutos.

Descrição: o foco do encontro é perceber a estabilidade ortográfica existente em palavras derivadas, tomando como contexto inicial a leitura compartilhada do livro *Eugênio, o gênio* (Rocha, 1995), onde, tomando por base palavras do livro, o mediador fará a decomposição, junto à classe, evidenciando as partes mantidas, introduzindo a ideia de raiz (sem o uso da nomenclatura). Após, serão realizadas atividades de contextualização em frases.

Recursos suplementares: folha impressa (Recurso Suplementar 15).

Recursos adicionais: livro *Eugênio, o gênio*, de Ruth Rocha; quadro/cartaz.

Procedimentos didático-metodológicos

Fala do mediador	Interação/levantamentos	Procedimentos/ organização

1ª atividade

📢: Hoje, trouxe um livro para lermos. É este aqui (mostrar o livro *Eugênio, o gênio* [Rocha, 1995]). Vamos prestar muita atenção nos detalhes da leitura que farei.

$\rightarrow$ Mediador, explore os elementos pré-textuais (capa, autora, impressões iniciais, antecipação da história) e pós-textuais (síntese, impressões gerais).

Perguntas dos elementos textuais durante a leitura: "Que animal era Eugênio?", "Qual era seu defeito?", "Como ele era desde pequeno?", "Como ele desempacava?"

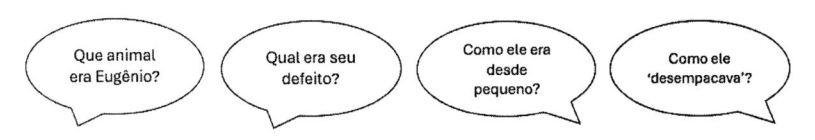

Fonte: os autores

(Pergunta motivadora para a atividade alvo) "O que fazia de Eugênio ser um gênio?". Ouça as respostas e vá instigando rememorando trechos do texto lido. Após, registre no quadro as palavras do livro, "gênio", "jovem" e "inteligente", e pontue que essas palavras darão a partida na atividade seguinte.

"Uma pessoa muito esperta, que sabe muita coisa, é chamada de gênio. Se eu for falar do Fábio (ou nome de algum aluno da classe), posso dizer que ele é genial". "Quando uma pessoa é muito jovem, dizemos que ela é jovial". "Uma pessoa dotada de inteligência é uma pessoa inteligente". Vocês percebem que as palavras têm pedacinhos que se mantêm iguais quando falamos? Isso acontece quando escrevemos também, vejam (registrar abaixo de cada palavra do quadro a derivação dada oralmente):

Gênio= genial; jovem= jovial; inteligência= inteligente.

Junto aos alunos, sublinhe com giz de cera ou marca texto as partes mantidas nas duas palavras: gênio – genial; jovem – jovial; inteligência – inteligente.

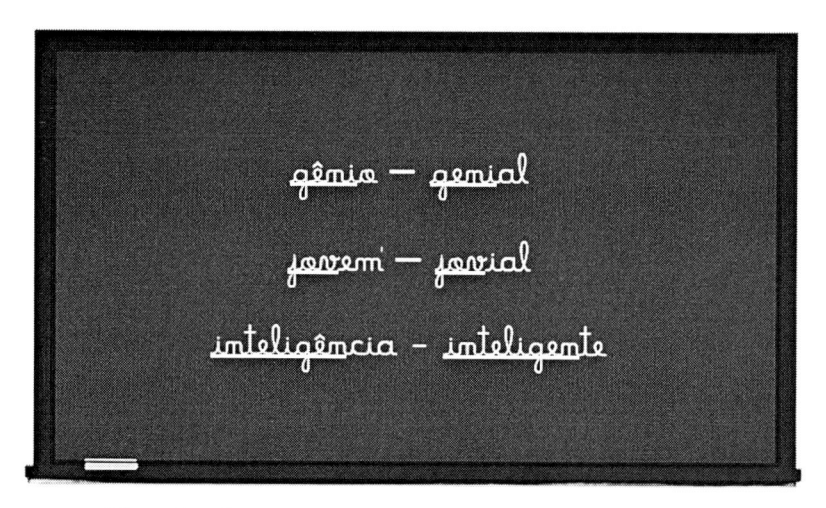

Fonte: Elaborado pelos autores no Canva.

Destaque que, sempre que escrevemos palavras que vêm de outras, as regras para escrevermos quase sempre se mantêm: o *g* da inteli**g**ência e do **g**enial, por exemplo.

2ª atividade

Agora, iremos exercitar o que fizemos com as três palavras do quadro. Vamos formar novas palavras na atividade. Leiam as frases e observem as palavras que devem ser modificadas. Nosso exemplo é: "Eugênio era um <u>gênio</u>. Ele era <u>genial</u>". Observem que parte da palavra se manteve. Faremos isso com todas as palavras destacadas.

Distribua uma folha para cada aluno (Recurso Suplementar 15) e estime um tempo médio de 10 minutos para a realização da atividade, mediando as possíveis dúvidas.

Após decorrido o tempo, faça a correção coletivamente, registrando no quadro a palavra primitiva e a derivada, solicitando aos alunos que soletrem a forma correta da escrita, realizando as intervenções necessárias. Após o registro de todas as palavras, destaque as partes que foram mantidas. Na atividade dois, reforce que quando escrevemos, ao termos alguma dúvida, podemos pensar na palavra primitiva/de origem. Peça que, além de circularem os pares corretos, pintem de vermelho os erros das palavras não circuladas, *jênio, jenial, coléjio, colejial, laranga, larangeira.*

Fonte: Elaborado pelos autores no Canva.

3ª atividade – avaliação

📢 A nossa última pergunta dessa aula é: por que as palavras que trabalhamos hoje têm a escrita de partes parecidas?

💬 Espera-se que os alunos identifiquem que são da mesma família/derivadas e por isso possuem estabilidade morfológica. Retome exemplos dados, como as palavras destacadas do quadro inicialmente, mediando as respostas das crianças.

Recursos suplementares da 8ª sessão
Recurso Suplementar 15 – Atividade Estabilidade Morfêmica – Sessão 8

Nome: .... Data: ....../....../......

1) Leia:

Eugênio era um <u>GÊNIO</u>. Ele era <u>GENIAL</u>.

→ Observe que, ao transformarmos a palavra (substantivo – adjetivo, nesse caso), parte da palavra se mantém. Vamos fazer o mesmo com as palavras abaixo:

A) A menina ficou com <u>NOJO</u> do sapo. Ela o achava _____.

B) O porteiro era <u>GENTIL</u>. Ele tratava as pessoas com _____.

C) Lucas teve problema para <u>DIGERIR</u> o que comeu. Ele teve um problema de _____.

D) O pai de Ana gosta de <u>DIRIGIR</u>. Ele _____ muito bem.

E) A mulher se <u>AJEITOU</u> para ir à festa. Ela estava muito _____.

F) Ele usava uma <u>PULSEIRA</u> no _____.

G) O dia estava <u>CINZENTO</u>. Olhei para o céu e ele estava _____.

H) <u>ACIDENTALMENTE</u>, Lucio derrubou o copo e disse: "Desculpe, foi um _____."

I) Os artistas <u>CIRCENSES</u> trabalham no _____.

J) A <u>DOCEIRA</u> faz deliciosos _____ e vende na sua _____.

2) Circule os pares de palavras escritas corretamente.

Jênio – gênio – jenial – genial

Colégio – coléjio – colejial – colegial

Laranja – laranga – larangeira – laranjeira

9ª Sessão	Estabilidade morfêmica

Objetivos: observar que morfemas mantêm a estabilidade ortográfica.

Descrição: o encontro terá como foco a percepção da estabilidade ortográfica de palavras derivadas, partindo da leitura compartilhada do livro *A fantástica máquina dos bichos* (Rocha, 2009), onde serão selecionadas palavras derivadas para a escrita da palavra primitiva e observância dos termos mantidos. Em seguida, serão realizadas atividade de leitura e escrita a partir de contexto (palavras cruzadas e completar frases).

Recursos suplementares: folha impressa (Recurso Suplementar 16).

Recursos adicionais: livro *A fantástica máquina dos bichos*, de Ruth Rocha; quadro/cartaz.

Procedimentos didático-metodológicos

Fala do mediador	Interação/levantamentos	Procedimentos/ organização

1ª atividade

🔊 Nossa aula de hoje se iniciará com a leitura deste livro (exibir o livro *A fantástica máquina dos bichos* [Rocha, 2009]). Prestem muita atenção na minha leitura.

→ Mediador, explore os elementos pré-textuais, perguntando sobre os elementos da capa e sugestionando, a partir das ilustrações, levantamentos da narrativa da história a ser lida. Durante a leitura, questione sobre os elementos textuais e pós-textuais: "Quais eram os bichos da história?", "Quais bichos construíram a máquina?", "O que aconteceu quando a máquina foi ligada?", "Será possível construir uma máquina dessas na vida real?", "Como os bichos foram 'consertados'?".

Quais eram os bichos da história?

Quais bichos construíram a máquina?

O que aconteceu quando a máquina foi ligada?

Será possível construir uma máquina dessas na vida real?

Como os bichos foram 'consertados'?

Fonte: os autores

→ Após a leitura, registre no quadro as seguintes palavras da história: cientistas, barulhão, costurando, esquisitíssima e desapontadíssimos. Peça para os alunos dizerem de qual palavra cada uma delas se originaram e registre abaixo de cada uma, destacando após a parte mantida, seguida do significado. (<u>cient</u>istas – <u>ciên</u>cia, <u>barulh</u>ão – <u>barulh</u>o, <u>costur</u>ando – <u>costur</u>ar, <u>esquisit</u>íssima – <u>esqui</u>sito e <u>desapontad</u>íssimos – <u>desapontar</u>).

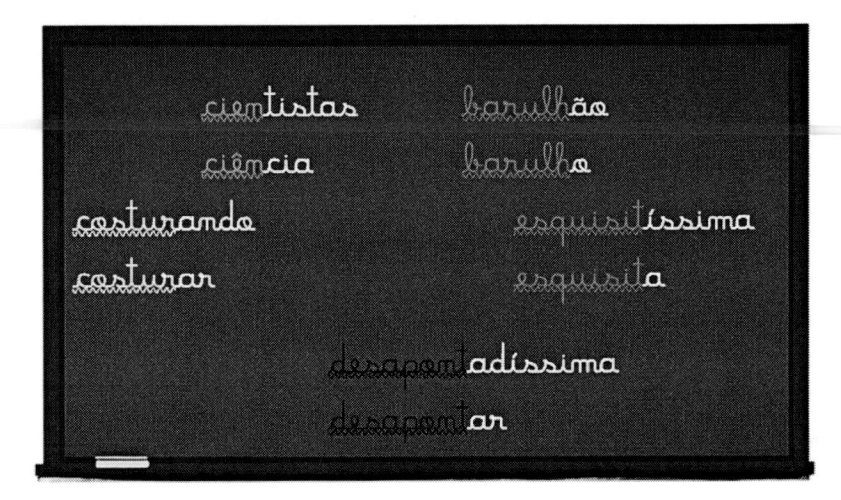

Fonte: Elaborado pelos autores no Canva.

2ª atividade

Na última aula, aprendemos que muitas vezes parte das palavras escritas são mantidas quando escrevemos outras palavras a partir delas, assim como agora que acabamos de ver estas palavras do livro (indicar palavras escritas no quadro). Faremos uma atividade agora para treinarmos a escrita de palavras formadas a partir de outras. Leia as frases com atenção e localize no diagrama a palavra correspondente a cada uma. Em seguida, leia a frase (atividade 2) e, a partir da palavra destacada, forme nova palavra que dê sentido a sentença.

Mediador, estipule um tempo médio de 10 minutos para a resolução da atividade. Tire as possíveis dúvidas nesse período caso surjam.

3ª atividade – avaliação

Agora que concluímos, vamos juntos corrigir as tarefas. Chamarei ao quadro para que registrem as respostas.

Mediador, organize a ordem que cada aluno irá ao quadro e solicite o registro do par de palavras, a encontrada no caça-palavras e a palavra-base (bicho – bichos; xereta – xeretava; cachorro – cachorrinho...). Solicite que a classe indique ao aluno as partes que se mantêm no par de palavras, para que assim ele sublinhe-as com giz de cera ou marca texto. No segundo exercício, proceda da mesma forma do primeiro, registrando e sublinhando as partes parecidas. Aproveite e explore o contexto vocabular das palavras, de acordo com as próprias frases apresentadas.

Recursos suplementares da 9ª sessão
Recurso Suplementar 16 – Estabilidade Morfêmica – Sessão 9

Nome: .... Data: ....../....../.......

1. Resolva o caça-palavras.

a) Plural de "**bicho**": _____

b) A Dona Arara era muito curiosa e **xeretava** em tudo, porque ela era_____.

c) Um **cachorro** pequeno é um _____.

d) "Vitor estava **puxando** a corrente". Tem o mesmo sentido de esticar: _____.

e) Coletivo de **bichos**: _____.

f) Ato de falar baixinho, fazer um **cochicho**: _____.

```
S  I  E  I  T  V  R  E  U  O  E  T
O  O  S  D  O  T  D  G  G  E  I  D
B  C  A  C  H  O  R  R  I  N  H  O
C  I  H  O  Y  L  H  T  Y  R  L  B
I  L  C  C  N  E  X  E  R  E  T  A
E  D  U  H  P  U  X  A  R  C  F  K
S  C  N  I  O  S  Y  W  E  E  O  O
T  O  R  C  H  S  A  O  V  R  F  N
R  T  O  H  P  N  N  F  T  C  I  E
O  E  O  A  R  E  E  I  T  T  T  T
P  P  N  R  U  T  T  G  Q  I  D  O
D  E  I  B  I  C  H  A  R  A  D  A
```

2. Complete as frases utilizando as palavras destacadas como base.

a) O motorista acenou para mim e eu _____ de volta.

b) O motorista estava acelerado. Ele _____ muito no trânsito.

c) A aceroleira é a árvore que dá _____.

d) A calçada foi cimentada com _____.

10ª Sessão	Revisão dos sufixos -eza/-esa e -am/-ão

Objetivos: revisar os morfemas apreendidos ao decorrer dos encontros.

Tempo de duração: 30 minutos.

Descrição: o foco deste encontro será retomar as regras e prática de uso dos morfemas analisados. Para cada par de morfema, será feita uma revisão dos conhecimentos dos alunos e escrita de lista no quadro, seguida de atividade de contextualização, com correção e explicitação das marcas linguísticas.

Recursos suplementares: folhas impressas (Recursos Suplementares 17 e 18).

Recursos adicionais: quadro/cartaz/caderno.

Procedimentos didático-metodológicos

Fala do mediador	Interação/levantamentos	Procedimentos/ organização

1ª atividade

Hoje, vamos relembrar todas as regras de escrita que aprendemos ao longo das aulas. Vamos iniciar explorando os pedacinhos -esa e -eza. Quem se lembra qual é a regra para uso do /eza/ com s e com z?

Mediador, incentive a participação da turma retomando contextos das sessões dos morfemas em estudo, caso nenhum aluno se recordar para responder. Retome que o -esa é utilizado para palavras que referem a nacionalidade e títulos de nobreza, já o -eza em palavras derivadas de adjetivos. Faça o registro breve no quadro para iniciar a atividade na folha.

Agora que recordamos, vamos realizar a primeira atividade na folha (Recurso Suplementar 17). Leiam as frases com atenção, em cada uma delas há alguma palavra com a escrita incorreta. Localize-a, circule-a de vermelho e reescreva a frase com a escrita correta da palavra.

Mediador, o tempo médio para realização desta atividade é de cinco minutos, individualmente. Monitore os alunos tirando possíveis dúvidas na realização da atividade.

Após decorrido o tempo, registre no quadro os pares de palavras com -esa/-eza das quatro frases e, junto aos alunos, identifiquem as palavras incorretas e busquem justificar o porquê estarem incorretas. Faça o mesmo procedimento para as palavras escritas corretamente, a fim de verificar os conhecimentos consolidados sobre a escrita dos morfemas em estudo.

2ª atividade

Agora, recordaremos outros pedacinhos que aprendemos: o -ão e -am. Quem se lembra de quando usamos um e outro?

Verificar nos discursos a menção ao pretérito e futuro. Elaborar breve resumo no quadro para organização das ideias. Após, proceder a atividade impressa.

Nesta atividade (Recurso Suplementar 18), vocês precisam encontrar 11 palavras terminadas com os pedacinhos -am e -ão e encaixá-los nas frases que seguem, de modo que tenham sentido.

Mediador, o tempo médio para realização desta atividade é de cinco minutos, individualmente. Monitore os alunos tirando possíveis dúvidas na realização da atividade.

Decorrido o tempo, faça a correção coletiva no quadro, fazendo a leitura em voz alta da frase e solicitando a um aluno que diga qual a palavra que a completa. Questione sobre o tempo verbal e morfema, com apoio do contexto das frases (eventos que já aconteceram ou que ainda acontecerão).

Recursos suplementares da 10ª sessão
Recurso Suplementar 17 – Revisão dos Morfemas – Sessão 10

Nome: .... Data: ....../....../.......

Atividade 1 – Foco: morfemas -ESA/-EZA

➔ Em cada frase, há duas palavras com os pedacinhos -ESA/-EZA. Identifique-as, circule de vermelho a incorreta e reescreva-a corretamente.

1) A portugueza era neta da princesa.
➔
2) A marquesa não fazia parte da nobresa.
➔
3) A franceza era de enorme delicadeza.
➔
4) A camponesa conheceu uma prima japoneza.
➔
5) A chineza estava em profunda tristeza.
➔

Recurso Suplementar 18 – Estabilidade Morfêmica – Sessão 9

Atividade 2 – Foco: AM/ÃO

Nome: .... Data: ....../....../......

Atividade 2 – Foco: Morfemas -ÃO/-AM

→ Localize no caça-palavras palavras terminadas em ÃO/AM e empregue-as nas frases, observando o sentido de cada uma. No caça-palavras, você encontrará palavras na horizontal, vertical e diagonal!

1- Eles _____ banana no jantar de ontem.

2- As meninas _____ ao shopping.

3- Eles _____ no karaokê.

4- Vocês _____ o filme que estreará?

5- Eles _____ um filme antigo ontem.

6- Todos sabem que eles _____ o bolo quando ficar pronto.

7- Meus pais _____ o presente quando _____.

8- Os meninos _____ bola terça-feira passada.

9- Jade e Lucas _____ ontem na escola.

10- Luiz, Pedro e Maria _____ sua avó semana que vem.

11ª Sessão	Revisão dos sufixos -il/-iu e estabilidade morfêmica

Objetivos: revisar os morfemas apreendidos ao decorrer dos encontros.

Tempo de duração: 30 minutos.

Descrição: o foco deste encontro será retomar as regras e prática de uso dos morfemas analisados. Para cada par de morfema, será feita uma revisão dos conhecimentos dos alunos e escrita de lista no quadro, seguida de atividade de contextualização, com correção e explicitação das marcas linguísticas.

Recursos suplementares: folha impressa (Recurso Suplementar 19).

Recursos adicionais: quadro/cartaz/caderno; música "Pomar", do grupo Palavra Cantada.

Fala do mediador	Interação/levantamentos	Procedimentos/organização

1ª atividade

📢 Hoje, continuaremos com a revisão dos pedacinhos que aprendemos! O terceiro par de pedacinhos que iremos relembrar é o que faz som de /iW/, que pode ser escrito com L ou U. Quem sabe me explicar quando uso cada um deles?

💬 Mediador, verificar o que os alunos se recordam do uso dos morfemas-alvo. Retome exemplos das sessões anteriores se necessário e destaque o uso de -iu para verbos no pretérito e -il para adjetivos. Faça o registro breve no quadro para organização dos levantamentos.

📢 Agora que recordamos, vamos partir para nossa atividade impressa (Recurso Suplementar 19). Leiam as frases e preencham os espaços com uma palavra terminada com -il ou -iu, tendo como base a palavra entre parênteses ao final das frases.

→ Mediador, o tempo médio para realização desta atividade é de cinco minutos, individualmente. Monitore os alunos tirando possíveis dúvidas na realização da atividade.

💬 Mediador, para corrigir, faça o registro da palavra entre parênteses no quadro e solicite aos alunos que digam a palavra formada a partir dela (gentileza – gentil). A cada registro questione o porquê do uso do -il ou -iu, verificando assim a apropriação do uso dos morfemas em estudo.

2ª atividade

📢 Agora, partiremos para o último grupo de regras que estudamos. Lembram que a maioria das palavras que formamos a partir de outras palavras, uma parte delas se mantêm? É o caso de pedra – pedreiro, casa – caseiro... (registre no quadro e subli-nhe/alterne a cor indicando aos alunos a parte mantida). Sempre que temos dúvida no uso de alguma letra devemos lembrar da palavra de origem, daquela que originou a formação da palavra. Agora, iremos ouvir a música "Pomar", do Grupo Palavra Cantada, e prestar atenção nas associações ao decorrer da letra.

→ Mediador, iniciar a reprodução da música em aparelho de som. Garantir que os alunos prestem atenção para que possam realizar a atividade.

📢 Vocês verificaram que várias palavras dessa música são derivadas umas das outras? São frutas e suas árvores produtoras. Vamos verificar algumas no quadro (registrar: laranja, açaí e mexerica).

📢 Como é que escrevemos o nome das árvores produtoras dessas frutas?

↻ Convidar que algum aluno soletre o nome de cada uma das árvores. Após, sublinhar com giz de cera ou marca texto as partes que se mantêm em ambas e questionar o porquê da escrita de laranjeira com J, açaizeiro com Ç e mexeriqueira com X. Espera-se que os alunos justifiquem a partir dos conhecimentos elaborados com as explicações ao longo das seções, acessando as informações de que a palavra-base possui partes que são mantidas durante o processo de derivação.

Recursos suplementares da 11ª sessão
Recurso Suplementar 19 – Revisão dos Morfemas- Sessão 11

Nome: .... Data: ....../....../.......

Atividade 1 – Foco: -IL e -IU

→ Observe as palavras ao final de cada frase. Você deverá transformá-las em palavras que terminam com os pedacinhos -iu/ -il para completar as frases.

1) O senhor era muito _____. (*gentileza*)

2) Ele não _____ dor. (*sentir*)

3) Minha mãe não _____ ontem. (*almoçar*)

4) Vovô achou o caminho muito _____. (*dificuldade*)

5) Minha irmã estava com tosse e _____. (*febre*)

6) "A linda rosa _____". (*jovem*)

7) O filme já _____. (*acabar*)

8) O coelho é muito _____. (*agilidade*)

12ª Sessão	Revisão do programa de intervenção

Objetivos: revisar os morfemas apreendidos ao decorrer dos encontros.

Tempo de duração: 30 minutos.

Descrição: o foco deste encontro será retomar as regras e prática de uso dos morfemas analisados. Para esta sessão, é necessário o uso do material *Desenvolvendo a Consciência Morfológica* (Book Toy, 2023), que consiste num baralho de perguntas e respostas com foco nos morfemas estimulados nesta intervenção.

Recursos adicionais: baralho *Desenvolvendo a Consciência Morfológica* (Sousa & Mota, 2023).

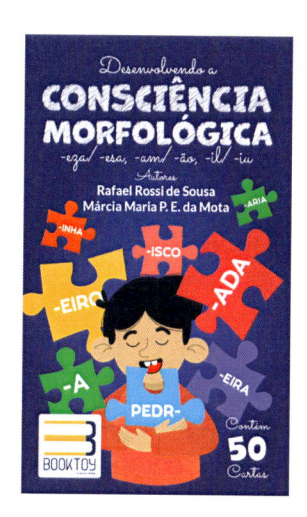

Fonte: Book Toy

1ª atividade

📢 Hoje, continuaremos com a revisão dos pedacinhos que aprendemos! Trouxe para nós o jogo *Desenvolvendo a Consciência Morfológica* (mostrar a caixa). Nele, há perguntas e respostas sobre o que estamos aprendendo.

↻ Mediador, verifique as instruções do manual do material. Ele é parte integrante desta intervenção e o publicamos separadamente para fins de popularização. Adquiri-lo é uma opção sua, que pode agregar a sua prática mais um recurso de intervenção e disponibilização de material pedagógico de impacto testado em pesquisa acadêmica.

↻ No caso de uso do material, ele é bem versátil quanto ao uso: você pode usá-lo em grupos, coletivamente, individualmente... Como *quiz* de perguntas e respostas, competição, atividade dirigida... sugere-se um quadro de pontuações e organização pré-estabelecida para melhor andamento da aplicação.

REFERÊNCIAS

Anglin, J. M., Miller, G. A., & Wakefield, P. C. (1993). Vocabulary Development: A Morphological Analysis. *Monographs of the Society for Research in Child Development, 58*(10), i-186. https://doi.org/10.2307/1166112

Apel, K., Diehm, E., & Apel, L. (2013). Using Multiple Measures of Morphological Awareness to Assess its Relation to Reading. *Topics in Language Disorders, 33*(1), 42-56. https://doi.10.1097/TLD.0b013e318280f57b

Baldo, A., & Silva, T. Á. (2017). Frequência De Palavras E Processos Inferenciais: O Que Aprendizes De Uma L2 Podem Dizer Sobre Isso. *Linguagem Em (dis)curso, 17*(2), 237-256. https://doi.org/10.1590/1982-4017-170205-5616

Bowers, P. N., Kirby, J. R., & Deacon, S. H. (2010). The Effects of Morphological Instruction on Literacy Skills: A Systematic Review of the Literature. *Review of Educational Research, 80*(2), 144-179. https://doi.org/10.3102/0034654309359353

Breadmore, Helen L., & Carroll, J. M. (2016). "Morphological spelling in spite of phonological deficits: Evidence from children with dyslexia and otitis media." *Applied Psycholinguistics*, 1439-1460. Document.

Carlisle, J. F. (1995). Morphological Awareness and Early Reading Achievement. In L. B. Feldman (Eds.), *Morphological aspects of language processing* (pp. 189-209). Lawrence Erlbaum Associates.

Carlisle, J. F. (2010). Effects of instruction in morphological awareness on literacy achievement: An integrative review. *Reading Research Quarterly, 45*(4), 464-487. https://doi.org/10.1598/RRQ.45.4.5

Casalis, S., Pacton, S., Lefevre, F. & Fayol, M. (2018). Morphological training in spelling: Immediate and long-term effects of an interventional study in French third graders. *Learning and Instruction*, (53), 89-98. https://doi.org/10.1016/j.learninstruc.2017.07.009

Gombert, J. E. (1992) *Metalinguistic Development*. Hertfordshire: Harverster Wheatsheaf.

Goodwin, A. P., & Ahn, S. (2013). A meta-analysis of morphological interventions in English: Effects on literacy outcomes for school-age children. *Scientific Studies of Reading, 17*(4), 257-285. https://doi.org/10.1080/10888438.2012.689791

Guimarães, S. B., & Mota, M. M. P. E. da. (2018). Consciência morfológica e ortografia. Uma relação para além da consciência fonológica? *Estudos E Pesquisas Em Psicologia, 18*(2), 608-623. https://doi.org/10.12957/epp.2018.38815

James, E., Currie, N. K., Tong, S. X., & Cain, K. (2020). The relations between morphological awareness and reading comprehension in beginner readers to young adolescents. *Journal of Research in Reading, 44*(1), 110-130. https://doi:10.1111/1467-9817.12316

Levesque, K. C., Kieffer, M. J. S., & Deacon, H. (2021). How morphology impacts reading and spelling: Advancing the role of morphology in models of literacy development. *Journal of Research in Reading, 44*. https://doi:10.1111/1467-9817.12313

Marec-Breton, N., & Gombert, J. (2004). A dimensão morfológica nos principais modelos de aprendizagem da leitura. In M. R. Maluf (Org.), *Psicologia Educacional – questões contemporâneas* (pp. 105-121). Casa do Psicólogo.

Mota, M. M. P. E., Anibal, L., & Lima, S. (2008). A morfologia derivacional contribui para a leitura e escrita no português? *Psicologia: Reflexão E Crítica, 21*(2), 311-318. https://doi.org/10.1590/S0102-79722008000200017

Pinheiro, A. M. V. (1996). *Contagem de frequência de ocorrência e análise psicolinguística de palavras expostas a crianças na faixa pré-escolar e séries iniciais do 1º grau.* São Paulo: Associação Brasileira de Dislexia (ABD).

Pittas, E. (2018). Longitudinal contributions of phonemic awareness to reading Greek beyond estimation of verbal ability and morphological awareness. *Reading & Writing Quarterly: Overcoming Learning Difficulties, 34*(3), 218-232. https://doi.org/10.1080/10573569.2017.1390807

Sousa, R. R. de, & Mota, M. M. P. E. da. (2023). *Desenvolvendo a Consciência Morfológica.* Book Toy Editora.

Sousa, R. R. de. (2023). *Efeitos de uma intervenção em consciência morfológica no desenvolvimento da leitura e ortografia em crianças do 4º ano do ensino fundamental.* Dissertação de Mestrado, Programa de Pós-Graduação em Psicologia, Universidade Salgado de Oliveira, Niterói, RJ.

Imagens utilizadas

Book Toy. https://booktoy.com.br

Canva. https://www.canva.com/

Flaticon: https://www.flaticon.com/br/

Freepik. https://br.freepik.com/

Pexels. https://www.pexels.com

Indicações para se aprofundar

Correa, J., Paula, F. V., & Spinillo, A. G. (2021). Contribuição do Processamento Morfológico para a Velocidade de Leitura ao Final do Ciclo de Alfabetização. *Estudos e Pesquisas em Psicologia.* http://doi:10.12957/epp.2021.64038

Correa, J. (2022). A contribuição da consciência morfológica para o domínio da escrita ortográfica por crianças. In M. M. P. E. Mota (Org.), *Consciência morfológica, leitura e escrita.* Appris.

Guimarães, S. B., & Mota, M. M. P. E. D. (2016). Qual a contribuição da consciência morfológica das crianças na precisão de leitura de palavras e compreensão de texto no português?. *Estudos de Psicologia* (Natal), *21*(3), 239-248. http://doi:10.5935/1678-4669.20160023

Guimarães, S., & Mota, M. (2018). Consciência morfológica e ortografia. Uma relação para além da consciência fonológica?. *Estudos E Pesquisas Em Psicologia, 18*(2), 608-623. http://doi:10.12957/epp.2018.38815

Guimarães, S. R. K., Paula, F. V., Mota, M. M. P. E., & Barbosa, V. R. (2014). Consciência morfológica: que papel exerce no desempenho ortográfico e compreensão de leitura? *Psicol. USP, 25*(2). http:// doi:10.1590/0103-6564A20133713

Justi, F. R. R., & Justi, C. N. G. (2022). Consciência morfológica e leitura: possíveis relações tendo como foco o português brasileiro. In M. M. P. E. Mota (Org.), *Consciência morfológica, leitura e escrita*. Appris.

Oliveira, B. S. F., & Justi, F. R. R. (2017). A contribuição da consciência morfológica para a leitura no português brasileiro. *Psicologia: teoria e prática, 19*(3), 270-286. https://doi.org/10.5935/1980-6906/psicologia. v19n3p270-286